"北京师范大学家庭教育完全指导"

丛书目录

懂你才能真爱你（0 ~ 3 岁）

懂你才能真爱你（3 ~ 6 岁）

懂你才能真爱你（6 ~ 9 岁）

懂你才能真爱你（9 ~ 12 岁）

懂你才能真爱你（12 ~ 15 岁）

懂你才能真爱你（15 ~ 18 岁）

北京师范大学
家庭教育
完全指导

懂你才能真爱你

（3~6岁）

朱旭东——主编
蔺秀云 等——副主编

中国妇女出版社

图书在版编目（CIP）数据

懂你才能真爱你．3～6岁 / 朱旭东主编 ；蔺秀云，申利侠，侯淑晶副主编．-- 北京 ：中国妇女出版社，2025．2．--（北京师范大学家庭教育完全指导）．
ISBN 978-7-5127-2407-5

Ⅰ．G78

中国国家版本馆CIP数据核字第20246PF590号

项目统筹：廖晶晶　门　莹
责任编辑：赵　曼
封面设计：王媚设计工作室
责任印制：李志国

出版发行：中国妇女出版社
地　　址：北京市东城区史家胡同甲24号　　邮政编码：100010
电　　话：（010）65133160（发行部）　　65133161（邮购）
网　　址：www.womenbooks.cn
邮　　箱：zgfncbs@womenbooks.cn
法律顾问：北京市道可特律师事务所
经　　销：各地新华书店
印　　刷：小森印刷（北京）有限公司

开　　本：165mm × 235mm　1/16
印　　张：19.5
字　　数：260千字
版　　次：2025年2月第1版　　2025年2月第1次印刷
定　　价：65.00元

如有印装错误，请与发行部联系

丛书序 1
PREFACE 1

养育孩子，对于父母来说是一段充满挑战与乐趣的旅程。从小不点儿呱呱坠地的那刻起，我们便肩负起一个全新的角色——父母。这个角色充满着责任与期待，既会捎来无尽的惊喜与感动，也会带来很多问题与困惑。

譬如，作为孩子的第一任老师，我们该如何照护和教育这鲜活动人、充满无限可能的生命个体呢？如何喂养和回应新生儿？如何建立积极的亲子关系？如何培养孩子自立和承担责任？如何追随孩子一起成长与转变？如何帮助孩子应对青春期的挑战……要想回答这些问题，我们首先应该思考：今天我们该如何看儿童？

身为一名父亲和教育研究工作者，儿童是我最近几年来心心念念的研究对象。在这个时代，我们该如何看儿童？从教育的角度来说，“看儿童”中的“看”字既是理解、认识、了解，又是依据、遵循、原则，还是目的、目标和任务，一切的落脚点都指向儿童的全面发展——理解和认识儿童的全面发展，遵循儿童的全面发展，为了儿童的全面发展。

本套丛书首先能够帮助家长更好地理解和认识儿童的全面发展——它是儿童的脑智、身体在生物学意义上的发育和成熟，是认知、情感、社会、个性（人格）以及社会情感等发展，也是安全和健康的一种能力表现，还包含艺术和审美的发展，甚至是道德和公民性的发展。儿童全面发展具有个人性、群体性、民族国家性等特征——从个人性上关乎脑智发育、身体成熟、认知、自然情感、个体安全和健康，从群体性上涉及道德、社会认知、社会情感、公共安全和公共健康，从民族国家性上涉及立德树人、民族国家认同、中华民族共同体意识、总体国家安全观等。

本套丛书基于儿童的脑和身体、认知和情感、道德和公民性、个性和社会性、健康与安全、艺术和审美等全面发展的教育学视角的儿童观建构，提炼了 0 ~ 18 岁儿童成长过程中可能出现的 300 多个典型问题，总结了 300 多个关键知识点，帮助家长促进儿童价值的实现、潜能的发挥、权利的获得、自由的保障，以及生活质量和幸福感的提升。

每个分册都从“认识孩子的发展特点”“家长成长与角色定位”“亲子沟通与有效互动”“促进孩子学习与交往”四个模块入手，覆盖了孩子的生理发展、认知发展、个性发展、社会性发展、学习能力提升、情绪情感培养、人际交往、行为习惯养成、社会责任教育、学业生涯规划等各个方面，科学、专业、系统地呈现 0 ~ 18 岁儿童的成长特征、发展规律与育儿实践要点。

其次，本套丛书在编排上也遵循了儿童全面发展的规律，并以之为原则。丛书共分为 6 册，分别与托育、幼儿园、小学 1 ~ 3 年级、小学 4 ~ 6 年级、初中、高中 6 个学段相吻合。每册包括 3 个年龄段，每个年龄段跨度为 1 岁，包含 20 个左右典型问题，把各个年龄段的典型性、阶段性和连续性统一起来，将生涩枯燥的育儿理论掰开、揉碎又巧妙组合，既展现每一年龄段孩子典型的生理、心理和发展特点，又兼顾孩子不同年龄段成长的连续性和发展性，更敦促家长面对“变化的孩子”，思考如何进行自我调适和角色转变。

比如，随着孩子自我意识的发展，2 ~ 3 岁的孩子开始探索“我”和“世界”的关系，父母对孩子说“不”的现象要给予理解和包容。但在这个阶段，家长是孩子全权的保护者，不能放手。而青春期的孩子会再次探索“我”与“世界”的关系，他们说“不”，是要完成自我同一性和自我意志的建构。此时，家长要予以孩子接纳和尊重，更要学会放手，给予他们独立自主的空间，做他们的监护人，而不再是保护者。

最后，本套丛书以帮助家长更好地促进儿童全面发展为目标、目的和任务。为促进儿童脑智发育和身体成熟，家长要在生活中对孩子进行营养和科学睡眠教育，为其提供运动、阅读、游戏、多关系的互动等教育路径；为促进儿童的大脑神经发育，家长需要带孩子一起进行视、听、味、嗅、触多感官通道的感知觉教育、注意力和记忆力教育；为促进儿童的认知发展，尤其是高级认知发展，家长可以配合教师进行家庭中的学科要素训练。当然，家长还要注重促进儿童的情感发展、道德和公民性发展、个性和社会性发展、健康和安全发展、艺术和审美发展。

儿童全面发展具有民族国家性，因此我们的家庭教育需要以立德树人为教育的根本任务，坚持为党育人、为国育才，引导孩子践行社会主义核心价值观，铸牢中华民族共同体意识，学习习近平新时代中国特色社会主义思想，培养全面发展的社会主义建设者和接班人，培养担当民族复兴大任的时代新人。

总之，我们编写本套丛书，是想向家长们表达一个愿望：去完整地“看儿童”。在养育子女的过程中，父母们经历了且正在经历着太多的误区和挑战。内心的需求呼唤和来自社会、家庭的压力，导致我们可能会迷失方向、感到焦虑。有时，我们会忽视孩子的成长特点和发展规律，忘记养育孩子的初心。在本套丛书的编写过程中，我们发现，许多高知父母在了解了儿童的发展规律和特点后，不无遗憾地表露出，如果早点知道这样的知识和方法就好了。在此，强烈呼吁编写者和读者朋友们扩大本套丛书的传播，让其惠及更多家庭。这也是我们努力工作，尽早把这套丛书献给读者的最大动力。

在编写本套丛书的过程中，我们参考了大量的育儿研究成果和实践经验，力求为读者提供最准确、最实用的育儿指南。但每个孩子都有自己的成长轨迹，没有一种方法适用于所有的孩子。在使用本套丛书的过程中，请家长们融会贯通地去理解关键知识、建议和方法，并结合孩子的实际情况进行调整和创新，找到最适合自己家庭的育儿方式。

亲爱的父母们，每个孩子都是独一无二的，他们有着自己的成长节奏和方式，我们需要跟着孩子一起改变和成长，学会尊重和理解他们的个性，基于儿童全面发展的理念，给予他们足够的支持，让孩子在自己的道路上茁壮成长。

最后，愿这套丛书能成为您育儿路上的良师益友，陪伴您和孩子一起度过 0 ～ 18 岁这段美好的时光。

朱旭东

北京师范大学教育学部部长、教授

从书序 2
PREFACE 2

孩子的心灵世界丰富而复杂，在育儿的道路上，每一位家长都是探索者、学习者。隐藏在孩子语言和行为背后的心理学知识，往往影响着他一生的发展与幸福。当北京师范大学儿童发展与家庭教育研究院邀请我编撰这套覆盖 0 ~ 18 岁儿童的育儿书籍时，尽管工作非常繁忙，我还是接受了这个艰巨的任务。

市面上讲家庭教育方法和技巧的书很多，但从心理学、教育学、社会学等多角度系统讲解 0 ~ 18 岁孩子发展的关键点，且提供相应育儿指南的书属实不多。在我日常咨询的大量案例中，父母不了解孩子的心理发展特点、情感需求以及可能面临的心理问题，造成孩子厌学、抑郁、产生不良行为的情况比比皆是。等孩子接近或到了青春期，父母再去调整或纠正孩子的这些问题或不良行为代价巨大，有些家庭甚至陷入贫困、绝望的境地。因此，我迫切感到系统梳理 0 ~ 18 岁儿童成长与发展特点，将儿童身心发展特征中的“困惑点”科普给更多的年轻父母，解答爸爸妈妈们的“十万个为什么”，不仅是响应党和国家的号召，贯彻落实《中华人民共和国家庭教育促进法》的有力举措，更是帮助父母铺好育儿道路上的基石，提高他们育儿效果、减少育儿问题的根本途径。

在北京师范大学教育学部朱旭东部长的出谋划策和鼎力支持下，经过编写团队 2 年多的辛勤努力，这套覆盖 0 ~ 18 岁孩子的育儿丛书，终于如期付梓。书中的每个问题都通过典型情景和对照判断，简洁生动地再现和归纳了容易被家长误认为是问题的儿童发展特征，还通过关键知识和建议方法，帮助家长更好地理解孩子、关爱孩子和引导孩子。在我看来，这套丛书最大的价值，不仅在于它的系统性和完整性，更在于它强调了育儿的情感性与互动性。育儿不仅仅是满足孩子的物质需求，更重要的是建立与孩子之间的情感联结，理解他们的内心世界，给予他们足够的关爱与支持。同时，育儿也是一个双向互动的过程，父母在陪伴孩子成长的过程中，也需要不断地自我成长与提升。

《尔雅》里提到“二月为如”，春天万物复苏、如如然也的风景让我们流连忘返。其实，0 ~ 18 岁何尝不是一个人的春天，孩子在语言、行为、情感、思维等方面的日新月异甚至短暂挫折，也是最美不过的“如如然也”，值得我们共情、陪伴、呵护、欣赏。愿这套丛书能成为您“读懂”孩子的钥匙，陪伴您和孩子一起度过生命里最美的季节。

最后，我要感谢编写组全体的辛勤付出和无私奉献。这套丛书不仅提供了一套实用的育儿指南，更传递了一种科学、人文、温暖的育儿理念。希望每一位家长都能够从中受益，与孩子一同成长、一同进步。

蔺秀云

北京师范大学心理学部教授、博士生导师

目 录
CONTENTS

第一章　3～4 岁孩子

认识孩子的发展特点 / 002

孩子为什么突然喜欢搞“破坏”？ / 003

孩子为什么会要求必须按照标准做？ / 008

发现孩子突然会说谎了怎么办？ / 013

孩子最近老说脏话怎么办？ / 017

孩子为什么突然变得害羞了？ / 021

家长成长与角色定位 / 026

为什么从 3 岁开始要培养孩子的规矩意识？ / 027

与祖辈教养理念有冲突怎么办？ / 032

如何理解“三岁看大，七岁看老”？ / 036

家长如何做孩子的榜样？ / 041

3 岁孩子的家庭教育主要关注哪些方面？ / 045

亲子沟通与有效互动 / 049

如何与 3 岁萌宝进行沟通？ / 050

如何培养 3 岁的萌娃独自玩耍？ / 055

生完二胎后如何让大宝感到父母仍然爱他？ / 060

3 岁小孩总和家长唱反调怎么办？ / 065

孩子总问“为什么”，都要回答吗？ / 070

促进孩子学习与交往 / 075

如何发现和培养孩子的兴趣？ / 076

如何教孩子懂礼貌？ / 081

孩子毫无耐性正常吗？ / 085

如何帮孩子克服入园焦虑？ / 089

如何帮孩子和幼儿园小朋友玩到一起？ / 094

第二章　4 ～ 5 岁孩子

认识孩子的发展特点 / 100

孩子一天到晚喜欢活动正常吗？ / 101

孩子突然变得爱发脾气是怎么回事儿？ / 106

为什么孩子总摸自己的生殖器？ / 111

为什么孩子会在其他小朋友面前说大话？ / 115

4 岁的女儿对衣服很挑剔，这是怎么了？ / 120

家长成长与角色定位 / 125

如何帮助孩子改掉生活中的坏习惯？ / 126

怎么让宝宝与妈妈一起做家务？ / 131

孩子经常模仿动画人物，如何与他沟通？ / 136

4 岁宝宝吃饭不愿意用筷子要调整吗？ / 140

如何与幼儿园老师积极沟通？ / 145

亲子沟通与有效互动 / 149

孩子问“我从哪里来”时该怎么回答？ / 150

孩子要求养的宠物他自己不管怎么办？ / 154

如何用延迟满足解决孩子的“无理”要求？ / 158

如何激发孩子对生活中的科学现象感兴趣？ / 163

如何与孩子一起玩角色扮演游戏？ / 167

促进孩子学习与交往 / 171

如何倾听孩子给自己讲故事？ / 172

如何培养孩子爱运动的习惯？ / 176

如何对待孩子写画“小蝌蚪”的行为？ / 181

如何引导孩子理解数的概念？ / 186

孩子总说不喜欢班里的某个小朋友，怎么办？ / 191

第三章　5～6 岁孩子

认识孩子的发展特点 / 198

快上小学了要提前学拼音吗？ / 199

为什么孩子 5 岁开始学钢琴比较合适？ / 203

孩子做什么都要与好朋友一起，这样好吗？ / 208

孩子说要和小朋友结婚，这是不是早熟的表现？ / 212

孩子喜欢捡一些东西回来，把家里弄得乱七八糟，怎么办？ / 217

家长成长与角色定位 / 221

如何同时照顾好两个孩子？ / 222

孩子犯错了能不能打？ / 227

如何处理好孩子“求关注”的心理？ / 232

父母如何与孩子做“朋友”？ / 237

孩子事事都依赖家长怎么办？ / 242

亲子沟通与有效互动 / 247

孩子做游戏一输就发脾气怎么办？ / 248

大宝总是无缘无故欺负二宝怎么办？ / 252

如何帮助孩子处理同伴冲突？ / 256

如何向孩子解释亲人的死亡？ / 261

如何回应来自孩子的关心？ / 265

促进孩子学习与交往 / 269

要教幼儿园大班的孩子识字吗？ / 270

怎样让孩子对上小学充满期待？ / 274

怎么让孩子喜欢自主阅读？ / 278

如何培养孩子做事遵守时间？ / 283

在家里养成的哪些习惯对上小学最重要？ / 288

第一章

3～4岁孩子

“我 3 岁了！”3 岁的孩子总会这样骄傲地向你宣布。3 岁的孩子已有了较强的自我意识，基本学会了自己吃饭，穿简单的衣服。他们的动作发展快，活动范围越来越大，思维存在于动作之中，常常是做得比说得快，自我中心倾向仍然明显，好奇心和学习欲也在增加，快要走出“第一个叛逆期”，大多数孩子开始上幼儿园，家长的教育责任也与日俱增。如何更好地理解孩子，给孩子提供适合的陪伴和教育呢？让我们一起进入本年龄段的话题。

认识孩子的发展特点

3岁的孩子长大了，有了新的行为和发展，也给家长带来了新的烦恼：新买的玩具没玩几天就坏了；固执己见地非要按某个规则或标准做事；做一件事却又坚持不了几分钟；本来性格活泼可爱，却突然害羞起来，时不时还有说谎行为……你为孩子的这些问题头疼过吗？

孩子为什么突然喜欢搞“破坏”？

典型情景

乐乐，男孩，3岁半，本来人见人爱的，最近突然变成了“破坏大王”，不管拿到什么东西都会破坏掉。刚收拾好的屋子，10分钟就被弄得乱七八糟的，像刚打了败仗的战场；刚买的遥控汽车，玩了两天就用力扔出去想让车跑起来，导致车轮子被摔掉了；拿起画册不是看书，而是一页页撕破，再把撕碎的书页一条条抛向空中。妈妈非常困惑：这孩子什么都破坏，到底是怎么了？

对照判断

看一看，孩子搞“破坏”时是一种什么情况？

表现	判断
❶ 搞“破坏”时全身心投入，完全没有意识到把玩具弄坏了。	□
❷ 搞“破坏”的动作有重复性，一遍遍重复着某一动作。	□
❸ 把玩具弄坏后仍反复摆弄，而非弃之不理。	□
❹ 喜欢在家长面前搞“破坏”，主动告知家长他的“成就”，对破坏行为表现出兴奋或喜悦。	□

面对孩子搞“破坏”的情况，你的反应是什么呢？

表现	判断
❶ 反复劝告和讲道理，孩子仍旧我行我素，家长无可奈何。	☐
❷ 制止和批评孩子的破坏行为，迅速把玩具拿走。	☐
❸ 惩罚孩子，搞一次“破坏”就惩罚他一整天不能玩玩具。	☐
❹ 呵斥和恐吓孩子，威胁再搞“破坏”就处罚他，但没有采取任何措施。	☐
❺ 只要不危险，就随便宝宝搞“破坏”，他的能力有限，做不出什么大的坏事来。	☐

如果你勾选了上述选项，说明你对孩子的“破坏”行为并不理解。

关键知识

3 岁的孩子处在探索高峰期，也是创造力和动作发展敏感期。经过 3 年的“历练”，孩子有了支配自己动作的基本能力，对周围的一切充满好奇心，喜欢进行投掷、搭建、拆除等各种看似“破坏”的行为。在这些行为中，孩子的好奇心得到满足，动作能力得到提升，思维能力得到锻炼。孩子的行为初衷并不一定是“破坏”，他只是想探索这些物品背后的秘密。“探索性破坏”是孩子成长规律的一部分。然而，由于孩子的认知和动作能力不够，他会使用一些“暴力”方法或简单动作，结果就把物品弄坏了或弄乱了。

当然，也有部分孩子的破坏行为是真破坏，是发泄负面情绪，也称“发泄性破坏”。家长要注意辨别孩子的不同行为，鼓励探索性破坏，妥善处理发泄性破坏。

建议方法

孩子为所欲为的“破坏”行为的确让家长头疼，到底该怎么办呢？下列方法也许能帮你解惑。

看懂孩子行为背后的原因

如果孩子的破坏行为在安全界限内，家长不妨换个视角，带着好奇心和耐心观察，弄清孩子行为背后的原因。一般有以下四类原因：

❶ 探索世界。孩子不断重复某一破坏行为，看重每次破坏行为的结果，但是因为理解力和操作能力有限，难免破坏东西。

❷ 模仿大人。孩子做的是他眼中大人的行为，如孩子把糖果种在土里，由于认知能力有限，有时会破坏东西。

❸ 吸引家长关注。有时孩子感觉被大人“冷落”，就会故意弄出动静或破坏东西以吸引注意。

❹ 宣泄负面情绪。有些被溺爱的孩子，其要求没有得到满足时会产生强烈的负面情绪，进而用破坏东西来宣泄心中的愤怒。

弄清原因后，家长就可以有的放矢来应对了。可以让孩子讲讲他的心理感受，拥抱并接受他的破坏行为。他如果告诉家长有想拆装玩具的想法，家长一起帮他处理就更好了。

备置与探索需求相吻合的玩具并培养规则意识

对有探索精神的孩子，要保护他的好奇心和探索欲。家长可以给孩子专门准备一些用镊子、螺丝刀等能够拆装的玩具，让他自由地进行拆卸或组装。这样能把孩子的破坏行为限定在特定玩具上。家长尽量不要过多干涉孩子的玩法，相反，可以参与到孩子的“破坏”行动中，如陪伴孩子一起投掷、拆装、撕扯。在这个过程中，家长要有意识地培养孩子遵守相应的规则，如谁先投，投到哪里，投中了有何奖励。拆时要记住拆开的部件和顺序，便于后续安装等，培养他的记忆力和规则意识。为避免贵重的物品或玩具被弄坏，家长需要教孩子了解破坏的范围和界限，以及贵重物品的用法和玩具的玩法，让孩子知道物品的用途并做好收纳。

针对有意破坏行为对症下药

如果发现孩子破坏玩具或物品并非为了兴趣和探索，而是带有情绪的发泄或寻求关注时，家长就要当心了，这时需要进行有针对性的引导和应对。如果孩子是为了寻求关注，家长应给予孩子更多的陪伴和沟通，或让孩子参与一些家务，如做饭时让孩子洗菜，让孩子感受到归属感和价值感。如果孩子的破坏行为是带有情绪的发泄，在没有危险的情况下家长可以试试“自然后果法”，让孩子自然地感受到他的破坏带来的后果，从中吸取经验教训。如孩子吃饭时故意摔碎了碗，就让他饿一顿，受到“自然后果”惩罚后，孩子会留下深刻印象，可能就不会任性摔东西了。

针对情景进行切身体验和情感教育

还有个别孩子，对动作控制的精细程度发展不够，动作幅度大，很容易导致物品或玩具被破坏，甚至会破坏他人的玩具。这时候就需要家长在选择玩具时多加注意，选择适合 3 岁幼儿的玩具——颜色鲜艳、结构简单、部件较大、易操作且足够坚固。家长还可以与孩子玩“力量对比实验”，让孩子直接感受用力轻重对物品造成的后果，学会控制自己的动作，逐步养成轻拿轻放的习惯。还有的孩子同情心强，家长可以利用孩子的泛灵心理——“一切物品皆有生命”，让孩子理解破坏物品或玩具跟别人打他一样，会很“疼”，唤醒孩子的同理心，让孩子主动减少破坏行为。

重点回顾

3 岁左右的孩子喜欢搞“破坏”是成长规律决定的。成为“破坏大王”有不同的原因，家长一定要认真分析，谨慎对待。如果是因好奇、探索、模仿发生的破坏行为，家长在确保安全的前提下要予以支持和鼓励；如果是故意的破坏行为，家长要留心观察和辨别，倾听孩子的表达，弄清背后的情绪和心理，采用适当的方法，尽早纠正或制止；如果是因为动作太大而破坏，家长要注意玩具的选择，并通过游戏和日常生活有意识地培养幼儿对动作的控制能力。

孩子为什么会要求必须按照标准做？

典型情景

妍妍，女孩，刚满3岁，做什么都特别较真。比如，所有玩具一定要按照她的规则摆放，不可以随意调整和放置；开车外出时，要求家人必须坐固定的位置，否则就不上车；杯子里的水必须倒至标注的刻度线，否则就不喝；吃饭也必须先吃菜，再吃饭，最后喝汤，否则就不吃。很多原本简单的日常小事，现在都要按照她的标准做，有一点不对就要重来，还时常发脾气，真是让人头疼，难道小小年纪得了强迫症？

对照判断

一起来看看，你的孩子有以下行为和反应吗？

表现	判断
❶ 必须给鞋子、玩具、绘本、饼干、糖果等物品“排排队”，不按要求摆放就闹情绪。	□
❷ 在玩游戏或活动时要按照一定的顺序或规则进行，否则就不参与。	□
❸ 和他说话的顺序不能变，如果变了，必须重来一遍。	□
❹ 家里的物品是谁的就只能谁使用，一点都不能弄错，弄错必须归位。	□
❺ 孩子有自己的想法，很多事要求亲手做，显得固执、任性。	□

面对孩子上面这种有严格标准的行为，你是怎么做的呢？

表现	判断
❶ 对孩子的要求敷衍了事，不理会他的标准或假装听不见。	□
❷ 对孩子这种行为感到厌烦，不堪其扰，教育孩子别再多事。	□
❸ 认为孩子无理取闹，故意打破孩子设立的规则和要求。	□
❹ 提前给孩子设定规则，要求孩子按照自己的规则行事。	□
❺ 担心孩子心理出了问题，到处打听并找心理医生咨询。	□
❻ 任由孩子去做，不干涉、不打扰，静静地看着觉得好玩。	□

如果你勾选了上述选项中的行为，说明你对 3 岁孩子的秩序敏感期还不太了解，请你阅读以下内容。

关键知识

孩子出现对物品、顺序、生活习惯的高要求和严标准，表明他处在秩序敏感期，又称“完美敏感期”。一般而言，孩子 2 ~ 4 岁会进入秩序敏感期，这是孩子成长过程中非常重要的一个环节。在这个时期，孩子要求所有物品、动作要么保持均衡、有比例、对称，要么有节奏、讲韵律，强烈追求事物的固定秩序，是他建立条理性和秩序感的过程。

其中，秩序感包括外部秩序感和内部秩序感。内部秩序感指孩子对自身的一种秩序感知，它可以使孩子意识到自己身体的不同部分和它们的相对位置；外部秩序感则是孩子对外部世界存在的规律和关系的感知与理解。如果家长不能提供一个有序的环境，孩子便失去了建立对各种关系认知的基础。

秩序敏感期的表现一般分为三个阶段。第一个阶段：如果秩序被破坏了，孩子会哭闹，但只要秩序恢复就会安静下来。第二个阶段：孩子为了维护秩序而不服从家长的指令，这说明孩子有了较强的自我意识。

第三个阶段：孩子为了维护秩序而变得很固执，一切要重新开始。2～3岁的宝宝由内部秩序感向外部秩序感转化，对物品摆设、动作顺序、物品所有权等有近乎苛刻的要求，这一时期又称“执拗敏感期”。3岁后，大多数孩子处在秩序敏感期的第三个阶段，即追求秩序完美的关键期，变得固执而让人头疼。

秩序感是生命的一种需要，孩子在执着于秩序的过程中，得以探索和发现规律，增强认知力、理解力和创造力，家长面对这个时期的孩子一定要有耐心，正面且有效地引导，等度过这个敏感期后，孩子这些“奇怪”的表现会自然消失。

建议方法

对孩子特别执着、追求完美的行为，家长可以采取措施促进孩子更好地发展。

为孩子提供安定有序的环境

整洁稳定的生活环境有利于孩子建立安全感，也有利于帮助孩子发现事物的规律。因此，家庭环境布置要简洁明快，家具不宜过多，尽量减少器具和杂物堆放，把更多的空间节省出来，为宝宝提供更多活动空间，以消除繁杂的物品给宝宝带来的心理压力，以及可能产生的与宝宝自有秩序感的冲突。

家里房间的功能要明确，如客厅是吃饭和待客休闲之处，卧室是睡觉之地，书房是学习和阅读的场所，厨房是做饭的地方等，让宝宝认识到不同场所的不同功能，增强场所秩序感。家里的用品也要注意摆放有序，使用后及时归位，孩子的东西更要注意摆放秩序。尽量不对这个年龄段孩子的居住环境做太大改变，即使不得已要变，也要给孩子一个适应期，并做好他不适应的过渡准备。有条件的家庭，还可以在宝宝房间陈设儿童专用家具，使宝宝目之所及、手之所触更加舒服便利，避免造成空间上的压迫感，增强宝宝对环境井然有序的满足感。当孩子从熟悉的环境里逐步建立起秩序感时，他的智能就会逐步建构，这不仅能够让孩子身心愉悦，提高孩子的适应能力，更能促进孩子形成爱干净、爱整洁的生活习惯。

尊重和适当满足孩子的秩序感

对孩子来说，打破秩序感是一种焦虑，家长要接纳孩子的情绪，尽量满足他的“有序愿望”，顺应秩序感发展的需要。如果孩子的秩序感行为是合理的，家长应尽量尊重他的行为，如孩子在睡前一定要把绘本放回书架，吃完饭碗筷一定要放在固定位置，家长都应尽量满足。如果孩子要求“重来一遍”，如先吻左脸再吻右脸，在条件允许时，不妨重来一遍，陪伴孩子捋顺他心中对秩序的执着。对于不合理的需求，如孩子吃西瓜时一定要自己每块都咬一口，家长也不能随意满足孩子，可以灵活变通，通过拥抱、讲道理、转移注意力、寻找替代目标等方式平息孩子的情绪，如家人每人咬一口，切忌蛮横“镇压”。

关注和鼓励积极的秩序行为

对有利于培养好习惯的整洁有序、规律作息行为，家长可以通过描述孩子的行为，予以关注和鼓励，让孩子看到家长在态度上的支持，不断强化，使这些行为得以持续和巩固，直至养成好习惯。如“宝贝，妈妈看到你把鞋子摆放得整整齐齐，玩具车也按大小顺序放在玩具架上了，真棒！”这样做可以让孩子养成持续的好习惯。等孩子走出秩序敏感期后，他依然是爱整洁的小能手。家长还可以按照孩子的秩序要求摆放家中的物品和小家具，肯定孩子的秩序行为对家庭的贡献，让孩子更有成就感。

平和情绪，尝试与孩子共情

当孩子因为“秩序”被破坏而哭闹时，家长首先要稳定自己的情绪，以平和的心态去拥抱、陪伴、倾听孩子，让孩子感受到他的情绪被接纳，等他情绪平稳后，陪他一起寻找解决问题的办法。如孩子把方形沙发垫摆好了，家长可以把方形沙发垫和圆形沙发垫摆在一起，让孩子比比哪种更美。当某些情形不可逆时，孩子的情绪会非常激动，此时家长要先共情孩子的沮丧和无助，根据他的表现问他“你是不是很难过？”“是不是很懊恼？”，帮助孩子表达出来。当他发现自己的感觉被感知了、被理解了，情绪会逐渐平复，问题也会得到解决。如爸爸不小心把孩子排列好的小蛋糕吃了，妈妈就可以用这种方法与孩子共情。

重点回顾

良好的秩序感是构建孩子安全感的需要，是孩子构建认知世界的基础。进入秩序敏感期的孩子，对物品摆设、动作顺序、人物呈现、物品所有权有着近乎苛刻的要求，若被人破坏秩序会感到不安、焦虑，表现为脾气急躁、任性蛮横。家长不要轻易错怪孩子的“较真”，更不要强行纠正孩子对秩序的执着，以免伤害其内在对秩序感的建构。家长需要多一些理解和耐心，尊重和满足孩子没有伤害性的秩序感要求，创造干净整洁的生活空间，利用整洁有序、规律作息等正向秩序感，培养孩子良好的行为习惯。如果孩子因秩序感破坏产生情绪，家长要理性对待，接纳情绪，主动共情，给孩子以积极支持。

发现孩子突然会说谎了怎么办?

典型情景

毛毛，3岁2个月，昨天从幼儿园回来时，小书包里装了两块三角形积木。妈妈问他:“怎么把幼儿园的积木拿回家了?”他神秘兮兮地说:“是老师奖励我的。”妈妈和他约定好要少吃巧克力，前天妈妈碰巧看到他在吃巧克力，一转身他却说:“巧克力是姐姐吃的，不是我。”毛毛经常和小朋友“炫耀”家里的玩具，即便家里并没有这个玩具，比如他告诉小朋友:“我有一只超级大的霸王龙，是爸爸给我买的儿童节礼物。”他不想去幼儿园时，会说:“我肚子特别疼，去不了幼儿园了。”爸爸妈妈一直注意培养毛毛说真话的好品质，但是怎么才3岁多，毛毛就会说谎了?

对照判断

看一看，你的孩子是不是也有这样的行为?

表现	判断
❶ 一本正经地胡言乱语，天马行空:“奥特曼答应和我做好朋友了。”	□
❷ 刚做过的事就拒不承认:“我还没有吃饼干呢，再吃一块。”	□
❸ 故意说假话，显示自己的强大:“我的力气最大，能搬动10把椅子。”	□
❹ 为了满足自己的愿望，编造谎话:“小汽车找不到了，不能还给小朋友了。”	□
❺ 做错事时，推卸责任或嫁祸他人:“杯子不是我摔碎的，是哥哥摔的。”	□
❻ 说不切实际的话，故意引起家长注意:“妈妈，我眼睛疼，您快过来呀!”	□

遇到孩子有这些看似“无厘头”的语言和行为，你是怎么做的呢?

表现	判断
❶ 认为很正常，是小孩子要孩子气，随他去。	□
❷ 非常恐慌，看到孩子突然学会说谎了，担心学坏了或者出了什么问题。	□
❸ 认真教育孩子不能这样说，要实事求是说真话。	□
❹ 发现一次处罚一次，直至孩子不再有这样的语言和行为。	□

如果你勾选了上述选项，说明你还不了解幼儿阶段性说谎的本质。请你耐心阅读以下内容。

关键知识

3 岁左右的孩子出现撒谎现象是非常正常的，几乎每个孩子成长到一定阶段都会撒谎。3 岁的孩子处在想象与现实不分的年龄段，为满足某种愿望，会把想象当成现实来说或者做。这并不一定是我们成人理解的“说谎”。多伦多大学发展心理学家李康团队经过 20 年的研究发现：2 岁的孩子中，有 30% 会说谎；到了 3 岁时，孩子的说谎率达到 50%；4 岁后几乎所有孩子都会有说谎的经历。但是，毕竟说谎不是优良品质，家长在理解孩子说谎行为的基础上，要注意运用科学的养育方式引导，以免孩子养成说谎的坏习惯。

建议方法

发现孩子有说谎行为，家长可以尝试用以下方法进行引导。

不惊慌、不贴标签，分析说谎背后的原因

多伦多大学教授李康团队的研究还发现，孩子说谎有五种类型：

1. 白色谎言，是为了客气；
2. 橙色谎言，是为了奉承；
3. 蓝色谎言，是为了集体；
4. 黄色谎言，是为了谦虚；
5. 黑色谎言，是为了自己。

2 ~ 3 岁时，孩子就会说白色谎言和黑色谎言，其他谎言一般在孩子 5 岁以后才会发生。所以，3 岁左右的孩子说谎，一般是因为想象与现实不分、表现欲驱使、希望得到关注、避免受到惩罚等，是“趋利避害”的模式。家长不要认为孩子学坏了，要分析背后的原因和孩子的需求，不要当众批评或揭穿孩子，更要避免贴标签、唠叨或辱骂孩子。

识别无意说谎，陪伴孩子探索和想象

3 岁孩子的大脑发育仍不完善，对客观事物的认识不全面，很容易出现理解性错误，常常以想象代替现实，根据自己的愿望去幻想，用自己脑海中的想象作为语言表达的基础。此时孩子的说谎属于无意说谎。这种谎话一般都表现为良好的愿望，家长不需要纠正，而是要保护孩子的想象力，可以倾听并与孩子一起讨论，陪伴他运用丰富的想象力和创造力去探索生活。

理解记忆特点，温和提醒和澄清

这个年龄段孩子的记忆并不十分精确，容易对时间、方位等抽象概念产生混淆，经常会忘记曾经发生的事。当孩子因为这个原因无意说了谎，家长可以温和地提醒或使用启发式的提问，帮助孩子回忆和重新表达。比如，前天宝宝跟着姥姥去了一趟公园，但是今天却拉着妈妈说：“妈妈，我好久都没有去公园了，你带我去公园玩吧。”妈妈可以说：“宝宝，姥姥前天带你去公园

了哦，姥姥说还带着你在那个沙坑玩了堆城堡的游戏呢。”孩子回忆起来后，可以告诉他：“如果你还想要妈妈再带你去玩一次，可以直接告诉妈妈，好吗？”

积极正向引导，强化诚实行为

发现孩子说谎了，家长首先要控制好情绪，可以通过共情、抚慰等方法，引导孩子敞开心扉，说出内心深处的真实想法，并帮助他寻找解决方案，给予孩子理解和支持。如果孩子有说黑色谎言的行为，比如像“巧克力是姐姐吃的”，就要引起重视，教育孩子要诚实、主动认错。如果孩子认错了，家长要积极肯定他认错的态度，培养孩子明辨是非、勇于担责的优良品格。

身教大于言传，家长做好榜样

家长是孩子最好的老师，一言一行都是孩子成长路上的模仿范本。避免孩子养成说谎的习惯，最好的做法是为孩子营造一个诚实的家庭环境。家长在孩子面前不说谎话，信守对他的承诺，行大于言，以身作则，能够培养孩子诚实的品格。

重点回顾

随着自我意识的发展，3 岁的孩子会因想象与现实不分、为了表现欲驱使、希望得到关注、避免受到惩罚等而说谎，面对这样的“谎言”，家长要冷静、理性辨别孩子的无意说谎，不要用唠叨、责骂、惩罚、贴标签的方式处理孩子的说谎行为，要耐心沟通、抚慰共情，鼓励和支持孩子“说谎”背后的积极行为。但是，如果发现孩子有逃避责任、掩盖事实、过分表现等不当说谎行为，家长要予以纠正，培养孩子诚实守信、勇于担责的好品质。

孩子最近老说脏话怎么办？

典型情景

杰杰，快4岁了，突然一天到晚爆粗口："你真是个笨蛋，坏奶奶！""你这个臭屁屁，闭嘴吧你！"上周爸爸给他讲了《渔夫和金鱼的故事》，家里人稍有"怠慢"，他马上就冲出一句："你这个笨蛋，真是个傻瓜！"他一遍遍重复这些脏话，越不让他说，他说得越厉害，气得家人不知道是该哭还是该笑，小小年纪怎么不学好啊？

对照判断

看一看，当你的孩子说脏话时，是一种什么样的情况或状态？

表现	判断
❶ 如同说其他话一样自然地说出脏话，没有夸张或不自然的反应。	□
❷ 一段时间反复说一句脏话，观察和期待家长的反应，家长越阻止说得越厉害。	□
❸ 从故事或别人口中听到一句新的脏话时，不分场合随便套用。	□
❹ 生气、沮丧的时候，大声说脏话或骂人。	□

想一想，当孩子说脏话时，你是怎么处理的呢？

表现	判断
❶ 感到紧张，怕孩子学坏了，赶紧给孩子立规矩禁止。	☐
❷ 严厉批评，威胁孩子如果再说脏话就会被惩罚。	☐
❸ 担心孩子说脏话被外人听到，留下不好的印象，赶紧教育他。	☐
❹ 认为孩子是被他人或网络带坏了，很担心但又苦于找不到源头。	☐
❺ 家长本身也有说脏话的习惯，深深自责都是自己的错。	☐

如果你勾选了上述选项，说明你还需要进一步了解孩子说脏话的本质，请你耐心阅读以下内容。

关键知识

3 岁的孩子正在经历语言敏感期的“诅咒敏感期”，也称“脏话敏感期”，它是语言敏感期的一种特殊表现。这个时候孩子们发现语言本身是有力量的，尤其是脏话能让别人反应强烈。因此，他们喜欢模仿、重复或使用效果强的脏话来试探别人，观察他们的反应，而且会快乐地、不分场合地使用。

多数情况下，孩子并不理解脏话的真实含义，也无心伤害他人，家长不必过于担心，可以冷处理或故意忽略孩子的脏话来降低他的兴趣。此外，孩子还有可能因模仿他人、求关注或发泄情绪说脏话，家长要识别出孩子说脏话的原因，然后区别对待和处理。

建议方法

当孩子说脏话时，以下几种方法也许可以帮到你和孩子。

识别孩子的套路，刻意忽视弱反应

多数情况下，孩子说脏话纯粹是为了好奇和好玩。最初，孩子可能并未意识到这是脏话，当他们发现说出的话能让家长心情大变并激起强烈反应时，会感受到语言的力量，并把这种力量纳为己有，于是就会更加刻意地使用。家长越制止，孩子就说得越起劲，乐此不疲。与家长的满脸惊讶和怒气相比，孩子的表情显得很享受。此时，家长的恰当做法是：当作没听见，或不露声色地简短回应即可。当家长刻意忽视孩子的试探，孩子看不到预想的反应，自然就会觉得无趣，脏话也少说了。

加强与孩子的情感联结，不需用脏话求关注

有时候，孩子说脏话是为了寻求关注。一旦孩子说脏话，家长就会出面干涉，这使得孩子意识到说脏话就会被人关注，因而会频繁使用。家长需要明白，此时孩子是在使用脏话获得情感联结，所以家长要给予孩子足够的情感回应，而不是在说脏话这件事上与孩子拉扯。家长可以以拥抱、亲吻等方式与孩子加强情感联结，让孩子感受到家长的关注，同时要明确告诉孩子："这句话不是很好听，你可以换一句其他的，妈妈听到也会第一时间来到你身边。"

看见孩子的情绪，安抚接纳防受伤

孩子说脏话的另一个目的是发泄情绪，表达愤怒。作为一种语言攻击，说脏话在成人交流时也很常见。对于 3 岁的孩子来说，当他感到沮丧、受伤或愤怒时，脏话也是表达情绪的武器。此时，家长首先要避免发泄情绪，冷静地用共情等方式帮助孩子看见和疏解情绪；其次，家长要看到孩子情绪和行为背后的目的和深层需求，引导或帮助孩子表达出来，给予积极的回应；最后，家长要弱化对脏话本身的处理，灵活运用共情、幽默、转移注意力和邀请合作等方式，帮助孩子尽早脱离使用脏话的情境。

破除习惯，积极正向做示范

3 岁的孩子，极少数会形成说脏话的习惯，如果形成习惯，说明孩子所处的环境有说脏话的源头。因此，家长首先要审视家庭及周边环境，如果家庭成员有说脏话的习惯，则需要注意修正家庭成员的言行，如果周边环境有人有说脏话的习惯，则要减少或不再接触这个环境，避免给孩子加深不良示范。其次，家长要认真就“说脏话”一事跟孩子沟通，让孩子意识到说脏话的坏影响，如果家人说脏话，还要真诚跟孩子道歉，并跟孩子约定不再说脏话的规则。

重点回顾

“诅咒敏感期”是孩子成长中的小插曲，当孩子发现说脏话能产生语言的力量感时，会以好玩、快乐的心态去重复，不分场合地使用脏话，家长对脏话的反应越强烈，越能激起孩子说脏话的欲望。因此，家长要理解孩子这种心理，区分原因，有针对性地引导处理。对大多数孩子感受语言力量的脏话，可以不予过多理会，但对求关注、释放情绪的脏话，要根据情况适当处理。在日常生活中，家长要注意营造好的语言环境，帮助孩子使用更得当的语言和方式来表达自己的想法。

孩子为什么突然变得害羞了？

典型情景

甜甜，女孩，3岁半，以前是个大方开朗的宝宝，最近突然变得害羞了；原来见人就喊“叔叔阿姨好”，现在见人就往后躲；别人给吃的玩的，很想要又不敢接，使劲儿推妈妈帮她接；经常在家说得好好的，一到外面就不敢主动跟别的小朋友玩，还动不动就哭，回到家里，又像变了个人，叽叽喳喳，活蹦乱跳。这到底是怎么了？

对照判断

看一看，你家孩子是否出现了以下情形？

表现	判断
❶ 一到不熟悉的环境，就表现得害怕、怯懦，往大人背后钻。	□
❷ 在家里活泼好动，一出门就拘谨、紧张，不苟言笑。	□
❸ 除了家人和熟人，不愿意和其他人接触。	□
❹ 做任何事情都要家人陪，看不到家人就大哭不止。	□
❺ 别人不经意的话语或动作都会引起孩子紧张，甚至出现吮吸手指等行为。	□

面对孩子上面的拘谨怕羞行为，你是怎么处理的？

表现	判断
❶ 一遍遍耐心跟孩子讲道理，叫他不要怕，要大胆。	☐
❷ 认为孩子性格上有些胆小，尽量不带他出去，不接触陌生环境。	☐
❸ 有些着急，想方设法带孩子出去接触新的环境和人，赶紧锻炼。	☐
❹ 跟幼儿园老师诉说，让老师多给孩子一些锻炼机会。	☐

如果你有上述想法和做法，说明你需要更多地了解孩子害羞的原因和处理方法。

关键知识

害羞是人类的一种人格特质，有些人天生就有，有些人是受后天影响所致。大多数 3 岁左右的孩子会经历一段心理上的“认生期”，这时孩子的自我评价系统还没有建立，一旦面对陌生的人或环境，就会感觉自己被他人审视，无法正确地自我评价，也不知道别人如何评价自己。这种失控感会引起他内心的不安，随之产生恐惧心理，下意识地拒绝面对其他人或陌生的环境来保护自己。因此，在外人看来，这个孩子特别害羞。这个“认生期”发生的时间每个孩子不完全一样，反应也不完全相同。有的孩子只是拒绝陌生人，并不拒绝出现在公共场合，有的孩子是两者都拒绝，家长要予以理解并妥善处理。

建议方法

孩子突然变得害羞是一种正常心理反应，家长可以尝试以下方法来处理。

端正心态，从发展的视角接纳孩子

害羞是人类的一种正常情绪，每个孩子作为独一无二的个体，成长历程不尽相同，体验害怕或害羞情绪的时间有早有晚，持续周期有长有短。家长要耐心陪伴，在孩子表现出害羞的时候，给予他积极的关注和回应；在孩子没有准备好而害羞不敢面对时，不去催促或强迫他，给他适应的时间和空间。家长可以试着跟孩子说："妈妈小时候也和你一样呢，当你感到害羞或害怕的时候，随时可以到妈妈的怀里来。"当孩子感受到来自家人安稳的支持，就会有力量顺利地度过这个阶段，重新回到开朗积极的状态。

正视理解害羞，借助绘本帮忙

家长不要一提害羞就如临大敌，害羞这种情绪是可以改变的，而且在改变害羞的过程中，孩子会拥有更加自信的力量。3 岁的孩子特别喜欢听故事，能对绘本里的世界产生共鸣。当家长与孩子一起读绘本时，在轻松的故事氛围中，也许孩子慢慢就克服害羞了。日本作家冈田庆隆的《害羞的香蕉》和法国作家露荷·蒙路布的《西红柿女孩》，是两本非常值得推荐的绘本。通过共同阅读，家长可鼓励孩子正视和理解自己的害羞情绪，找到克服的办法，学会用足够的勇气与自信去抵御害羞。

创造机会，让孩子多与外人接触

在日常生活中，家长要多为孩子创造一些与他人接触和交流的机会，让孩子习惯跟陌生的环境和人接触。如多去室外开阔的游乐场，多带孩子去亲戚朋友家做客，多带孩子参加同龄孩子的游戏、聚会和活动等。带孩子外出时，一开始要注意场合和对象，选择孩子熟悉的环境、平易近人的亲戚朋友和比较友善的孩子，并提前告诉孩子，让孩子做好准备，知道会出现什么情况，让孩子体验到接触不同环境和他人所带来的放松、快乐的成就感，避免产生挫折、拘束、不安全等不良心理体验。家长要特别注意，不要每次外出前都告诫孩子见到长辈要问好，别人问问题要回答等等，更不要在孩子有害羞表现时为了面子而自嘲，当着孩子的面说“这孩子比较害羞”，要避免让孩子在社交场合产生压力和被贴标签。

游戏模拟演练，角色扮演长技能

如果孩子害羞特别严重，家长可以通过游戏，在角色扮演中体验生活情境，帮助孩子克服害羞和胆小的情绪。例如运用玩偶来模仿社交场景，与孩子共同参与其中。角色互换是更有效的方式，在游戏中让孩子扮演家长，家长客串宝宝，这种方式能促进孩子主动思考和发展社交技能。当孩子有了足够的游戏体验，他的自信心逐步增强，就会在现实生活中加以运用，逐渐改善胆小害羞的情况。

关注人格发展阶段，避免不利影响

美国著名精神病医生埃里克森的人格发展八阶段理论认为，3 岁左右是“自主对害羞”“主动对内疚”的冲突发展阶段，这个时候孩子需要更多的接受、认可、保护和鼓励，从而培养自主和主动的人格特征。如果家长一味严厉地要求与限制孩子，会使孩子对自己的能力产生怀疑，丧失主动性，感到害羞和内疚，从而不再敢对新鲜事物勇于尝试。这种自我怀疑感如果不及时克服，有可能会伴随孩子的一生。所以，在孩子 3 岁左右，家长要多给其创造自由空间，鼓励和保护孩子的主动行为，培养积极人格，避免不利其心理发展的影响。

重点回顾

3 岁左右的孩子突然害羞是走向独立意识的必经路程，也是孩子的自我保护本能之一。适度的害羞是有益的。家长不要过于着急让孩子成为你想要的样子，要允许他害羞，给他足够时间，让他准备好。而且，害羞是可以转变的，家长可以给孩子读关于害羞的绘本，给他创造放松的交往机会，甚至在家里与孩子进行角色扮演等，让孩子理解害羞是正常的，帮孩子一起找到榜样和方法，增强克服害羞的信心，体会克服害羞的成就。家长特别要注意，对这个年龄段的孩子不要过分严厉或限制太多，以免孩子形成害羞和内疚的人格特征。

家长成长与角色定位

面对 3 岁的孩子，你是否遇到了新的教育问题？为什么 3 岁一定要开始培养规矩意识？当你与另一半有教育理念冲突时，你是如何处理的呢？你不经意的小动作竟被孩子学了去，还当着你的面模仿，怎么办？你意识到当孩子到了 3 岁时家长必须做些什么了，但这个阶段应关注哪些主要教育内容呢？让我们走近 3 ～ 4 岁家长的角色定位和成长，看看应该怎么做好准备吧。

为什么从 3 岁开始要培养孩子的规矩意识？

典型情景

林林，3 岁 2 个月，中午吃饭时，他边看 iPad 上的动画片边被奶奶喂饭，吃了几口后，林林不吃了，从餐椅上下来开始玩小驴拉车。奶奶认为林林吃得太少，怕他饿着，赶紧离开餐桌继续喂他。林林不吃，奶奶就追着喂。就这样，林林玩一会儿，奶奶喂一口，一顿饭用了一小时还没吃完。妈妈看着头疼，这孩子被惯坏了，不仅吃饭这样，起床、睡觉都不按规矩来，怎么办呢？

对照判断

你家 3 岁的孩子，有下列行为表现吗？

表现	判断
❶ 玩具乱丢，玩好后从不收拾，大人讲了多少遍要收拾玩具都没用。	□
❷ 早上不按时起床、不刷牙，晚上不按时睡觉。	□
❸ 妈妈读绘本时不好好听，做各种各样的小动作。	□
❹ 在公园玩的时候抢同伴的玩具，打骂同伴。	□
❺ 天天被追着喂饭、穿衣服等，特别累人。	□

如果你家孩子有上述不守规矩的行为，你是怎么处理的？

表现	判断
❶ 听之任之，觉得孩子长大自然就守规矩了。	☐
❷ 责骂一顿，让他长点记性。	☐
❸ 认真讲道理，希望他能理解，改掉不好的习惯。	☐
❹ 通过不让玩玩具、不买好吃的等进行惩罚。	☐
❺ 不仅唠叨和责骂孩子，还抱怨都是祖辈惯坏了。	☐

如果你勾选上述处理行为，说明你对给 3 岁孩子立规矩的认识还不到位，请你阅读以下内容。

关键知识

从孩子的心理和脑发育来看，3 岁是神经回路形成的关键期，给孩子建立一种规则意识，他的神经回路就会形成一种讲规矩的模式。建立了规则意识的孩子遇到事情时，他会去想规则是什么、底线是什么，从而养成有条不紊、按规则行事的好习惯。反之，未建立规则意识的孩子遇到事情时，他不会去想规则是什么、底线是什么，他不知道该如何做，所以会处在一种不安全的状态下，从而严重影响生活和学习效率。长大成人后，他的潜意识里由于缺乏安全感，会丧失界限甚至没有底线，很有可能会为所欲为甚至违法乱纪。

3 岁左右孩子的语言能力已充分发展，他能与家长沟通自己的想法，这个时候适合开始建立规则意识。一旦错过 3 岁左右建立规则意识的关键期，孩子以后形成规则意识的难度会逐步加大。

建议方法

家长要抓住3岁左右的黄金时期，从小让孩子养成讲规则的好习惯。

充分意识到规则的价值

常言道，“无规矩不成方圆”，制定规则并不是为了限制孩子，而是为了引导孩子建立良好的行为习惯，学习人际互动和保护自己及他人的安全。

❶ 让孩子养成有规律的生活习惯和良好的行为习惯。在孩子的生活中，规则的内容大部分是养成生活规律和行为习惯。通过建立规则，形成重复的、有规律的日常生活，孩子能大大减少浪费时间的行为，上学后能更好地管理自己的学习和生活。家长的养育压力也会由此大大减轻。

❷ 规则能让孩子保护自己。有些规则是从保护的角度制定的，这样的规则能够让孩子保护自己，同时不伤害到他人和破坏公物。比如，游乐场、游泳池等公共场所都会设定规则，孩子建立了规则意识后，就不会去触碰危险的界线，也不会将他人推向那条界线。

❸ 从小立规则能让孩子更好地学习和适应社会规则。当孩子从小在生活中有了规则意识之后，他就能更好地去学习其他规则，如法律法规、社会规则、文化生活习俗等。

规则要事先约定，指示清晰，有效执行

3岁的孩子理解力还比较弱，家长给他定的规则一定要简单易懂，容易遵守，包括：

❶ 事先约定。与孩子事先约定好规则，或者直接邀请孩子共同制定规则，让他对规则提前认知，理解规则的意义，增加对规则的认同感。

❷ 指示清晰。要清楚、具体地告诉孩子某些情况下应该做什么。3岁的孩子开始有了自己的判断，但自我约束性很弱，基本不认识汉字，在执行

规则中约定的事项时，要使用清晰、明确的指示和标识告诉孩子现在该做什么，接下来怎么做等。可以用图画为主、文字为辅的形式，把要执行的主要规则呈现出来，并贴在家里显眼的位置，需要孩子执行或孩子违背规则时，跟他一起重温一下，这也是一种教育。

❸ 明白易行。任何规则的执行都要依据一定的条件和环境。制定的规则要让孩子容易明白，能方便孩子自觉自愿地遵守。对一些有挑战性的事情，可赋予规则多种形式，让孩子“优先选择”，避免过多强制性要求。

❹ 跟进执行。要注意有效跟进规则执行情况，对孩子做得好的地方要表扬和鼓励，对孩子做得不好的地方要适时提醒和纠正。要注意用平和的语气和尊重的态度，让孩子信任家长的判断，继而听从家长的要求。

执行规则适度灵活，辅以惩罚，但不贴标签

规则是人定的，执行过程中可在适当的情况下放宽要求。比如，孩子生病了，家长可以暂停执行规则，周末可以让孩子多看一会儿动画片等，减轻孩子执行规则的压力，让孩子在享受自由后，更自觉地遵守规则。同时，家长要相信孩子，偶尔“犯规”不是破坏规则，是给孩子一定的自由，让孩子拥有更大的遵守规则的动力。对孩子“破坏”规则的行为，要加以判断，孩子不遵守规则是不是有特殊情况，如饿了、累了、没睡够等，这时不要轻易批评，要尽量弄清原因，帮助他解决问题，把他的注意力转移到正确的言行上来。

如果孩子无视规则，故意犯错误，就一定要给予惩罚，不然规则会失去相应的约束力。这种情况下，相对于某些家长的“狠话”，如“打死你”“不要你了”，温和而严肃的惩罚更能让孩子感到规则的“威严”，如在家里设立冷静角或让孩子承担后果。执行规则的时候，家长要让孩子在受到惩罚后明白，自己为什么被惩罚，做错的是什么，切记不要给孩子贴标签，如说孩子“邋遢鬼”“败家子”等。

家长坚持在先，与孩子共同守好规则

对 3 岁的孩子来说，建立规则意识其实是一个把规则内化成习惯的重复过程。家长首先要注意避免随意制定规则，如果想起一出是一出，那么孩子随时随地都要面临“新规则”，这会让孩子无所适从。其次，制定好规则后，家长一定要执行，如果定了规则后看到孩子一哭一闹就妥协了，就无法将规则坚持下去。所以，很多时候与其说是给孩子定规则，不如说是给家长自己定规则，家长一定要坚持在先，与孩子共同遵守。最后，家庭成员对规则一定要统一认识，统一步调，保持对规则的认识清晰化、系统化，不让孩子产生困惑，形成培养规则意识的良好家庭环境。

重点回顾

3 岁左右的孩子是培养规则意识的重要时期。家长要充分认识到早期培养规则意识的重要性，通过制定明白易懂、简单易行的规则，帮助孩子养成生活规律和行为规范。但是，由于 3 岁的孩子理解力、自控力还不成熟，在执行规则时家长要灵活处理，对孩子有意不遵守规则的行为予以温和而严肃的惩罚，让孩子理解规则对行为的约束力。

在惩罚孩子的时候要让他明白受惩罚的原因和不遵守规则的后果，不给孩子贴标签。家长还要注意避免规则的随意性，要保持规则的一致性和稳定性并自觉遵守，与孩子共同坚持遵守规则。

与祖辈教养理念有冲突怎么办？

典型情景

明明，3 岁。妈妈因工作晋升越来越忙，不得已让明明的奶奶从老家过来帮忙，没想到带来了新的麻烦。妈妈为了孩子“不输在起跑线上”，给明明报了绘画课、音乐课、启智课等课外辅导班。奶奶心疼明明，想方设法帮孩子打掩护，让明明少练一会儿、多睡会儿、多玩会儿，还动不动给明明买零食，导致明明正餐不能好好吃饭。妈妈非常生气，责怪奶奶把明明养坏了，奶奶与妈妈本来和谐的关系也出现了裂痕。这如何是好呢？

对照判断

看一看，在教养孩子方面，你遇到下面的情形了吗？

表现	判断
❶ 与祖辈教养观念不同，常常因一些生活小事而不开心。	□
❷ 介绍新的育儿方法给祖辈，祖辈不但不听，还表示质疑和反对。	□
❸ 祖辈喜欢强词夺理：“我就是这么把你们养大的，不是养得挺好吗？”	□
❹ 在同一件事上对孩子提出不同的要求，弄得孩子不知所措。	□
❺ 祖辈在背后诱导和纵容孩子，让孩子不按父母的要求做。	□

如果你面临上述困惑，希望下面的知识和方法对你有帮助。

关键知识

祖辈与父母辈属于两代人，他们不仅生活时代、原生态家庭和生活经历不同，而且由于当今中国人口迁移比较普遍，他们还经常有地域文化、风俗习惯的差异，由此培养孩子的目标、方式很容易不同，再加上“隔代亲”现象，祖辈与父母在教养孩子上难免会有冲突。然而，家长的意见不一致对孩子的成长有很大危害，特别是对 3 岁左右的孩子。他们处在自我意识快速发展阶段，会产生无所适从、情绪不稳的状况，甚至产生罪恶感和不安全感，以及钻空子等不良现象。父母既然邀请祖辈来照顾孩子，就要综合评估祖辈养育的利弊，事先跟祖辈沟通好教育的原则和方法，妥善处理养育过程中可能出现的矛盾和冲突，尽量避免出现祖辈娇惯孩子的现象。

建议方法

祖辈与父母在教养孩子方面有冲突是正常现象，但处理不好会产生较大负面影响，你可以尝试以下方法。

事前真诚沟通，相对确认分工

请祖辈来帮忙带孩子时，应尽量事先约定好原则：大家的初心都是想把孩子养育好，目标是一致的，不管遇到什么情况，不能站到对立面，要好好沟通多商量。

就养育本身而言，父母是教育的主体，要积极承担孩子学习与成长方面的事，至于穿衣、吃饭等日常琐事则可以交给祖辈负责。

在养育过程中遇到矛盾或问题，要多听取对方的意见，在对方需要时要及时“补台”，不能各持一套规矩，导致孩子无所适从而坏了规矩。在处理与祖辈的关系方面，做父母的一定要明白，祖辈是来帮忙的，对他们要有感激之情，生活中一些细枝末节的事情，能放手的就放手，不要太拘泥于一定要按照自己的要求来，这样既不容易和祖辈发生冲突，又能相互支持，有利于融洽家庭氛围，共同培养优秀的孩子。

主动自我觉察，接纳并尊重差异

父母与祖辈在教养孩子的过程中发生冲突时，做父母的首先要冷静下来，进行自我觉察，想一想自己要表达的观点是什么，表达这个观点的目的是什么。很多时候，祖辈与父母的主观意愿都是为了孩子，产生矛盾只是因为对待孩子的方式方法不同。当双方都更加理性地对待对方时，就能接纳或尊重部分差异，不至于造成冲突。比如，案例中奶奶帮着打掩护的问题，奶奶主观上也是为孩子好，父母接纳奶奶的想法后，可以耐心地跟奶奶沟通，让奶奶明白真正对孩子好的行为，不是帮孩子辩解、逃避或鼓励他吃零食，而是让孩子遵守商量好的规则等。如果父母给孩子报的辅导班太多，确实给祖辈和孩子带来了压力，父母也要主动调整。双方都做出一些让步时，育儿观念的冲突自然会消失不见。

共同学习育儿知识，让祖辈跟上时代新观念

祖辈与父母的成长时代大不相同，当前的育儿条件、育儿工具和方法都发生了改变，祖辈的育儿观念和方法可能比较落后。父母可以给祖辈推荐育儿书籍和育儿课程，也可以在茶余饭后多陪祖辈聊聊天，把自己的育儿观念和想法在轻松愉快的氛围中传递给祖辈，让祖辈自觉更新育儿观念，改进育儿方法。这样祖辈与父母有了共同的知识基础，不仅沟通时会有更多的共同语言，而且育儿观念和行为也会趋于一致，便于彼此相互理解和支持。父母特别要注意的是，祖辈到家里来帮忙带孩子，并不意味着把所有养育责任都交给了他们。父母在工作之余，要多做家务、多陪孩子做游戏等，多给祖辈一些歇息机会，也趁机了解孩子的最新发展情况，以便遇到问题及早解决。

私下处理冲突，委婉沟通表达

当祖辈与父母在育儿理念上发生冲突时，双方一定不能当着孩子的面各执己见。因为无论结果如何，必定会有一方的权威受损，而且会养成孩子耍小聪明或钻空子的习惯，在家长中选择对自己“有利”的一方。如果发现祖辈宠溺孩子且“屡教不改”等行为，父母要背着孩子与祖辈沟通，让祖辈明白这么做可能会对孩子造成的伤害和结果，把自己的观点、立场和感受，用对方能够理解和接受的方式表达出来，争取让对方理解和支持。在孩子犯了错需要接受管教时，一定要告诉祖辈，不管他是否认同都不能插手，要等到管教结束后再沟通。即使父母的教育方式确实更有利于孩子成长时，父母也要本着尊重祖辈的前提，平和地表达自己的想法，避免评价、批评和指责。例如，当孩子不吃饭，祖辈总追着孩子喂饭时，父母可以说：“妈妈，我觉得追着孩子喂饭会养成坏的吃饭习惯，孩子不吃说明他不饿，饿了自然会吃，我们尝试一下不喂可以吗？”这样的表达方式聚焦于问题和诉求，不包含对祖辈的指责，更容易得到他们的理解，在育儿目标上达成一致。

重点回顾

祖辈和父母因育儿观念、方法不同造成家庭冲突的情况很常见，父母要理性对待，明白自己是养育孩子的第一责任人，在初始阶段与祖辈做好分工，主动负责孩子的学习、习惯养成等事项，日常生活中多反思自己。在尊重祖辈的前提下与他们委婉沟通，有冲突时私下解决，不当着孩子的面争论，可以在聊天的时候将自己认可的育儿书籍、育儿课程、育儿知识等介绍给祖辈，适度接受祖辈不同的意见和建议，求同存异，找到适合自己家庭的处理办法，保持家庭和谐稳定。

如何理解“三岁看大，七岁看老”？

典型情景

子勋，3 岁，上幼儿园了，妈妈发现子勋胆小、不合群。老师教唱歌，别的孩子兴奋得又唱又跳，他坐在小椅子上默默跟唱；在幼儿园遇到事情了也不敢跟老师说，好几次都憋得尿了裤子；跟小朋友相处不好，要么不跟小朋友玩，要么动手“打”人。但子勋在家里脾气很大，稍不如意就大哭大叫，还会躺在地上撒泼耍赖。爸爸妈妈为此感到非常头疼，奶奶却说：“‘三岁看大，七岁看老’，子勋就是一个性格脾气不好的孩子，要学会接受。”真的是这样吗？

对照判断

看一看，在你的家里这样的情形常见吗？

表现	判断
❶ 性格执拗，想干啥、要啥非依着他不可，否则就大哭大闹。	□
❷ 胆小、懦弱，不敢尝试新鲜事物，不敢主动跟小朋友玩。	□
❸ 脾气大，稍不如意就大发脾气，常把“奶奶不好”“妈妈坏”挂在嘴上。	□
❹ 在家时手舞足蹈、能唱能跳、抢着说话，到了陌生环境就像变了个人。	□
❺ 跟小朋友一起玩很容易发生冲突，难以融入同伴群体。	□

你认可“三岁看大，七岁看老”这个观点吗？面对孩子的问题，你是怎么处理的？

表现	判断
❶ 认可。发现孩子不好的性格、行为跟配偶类似，就抱怨是遗传了对方的基因。	☐
❷ 认可。认为 3 岁前一定要教育好，不厌其烦地跟孩子讲道理，告诉他这样的性格、行为不好，逼迫他改正。	☐
❸ 不认可，认为孩子小时候有些问题很正常，长大后自然就好了。	☐
❹ 认可。纠正了很多次都没用，对孩子不好的性格和行为感到发愁、伤神。	☐
❺ 认可。给孩子一遍遍立规矩，严格按照规矩约定训练孩子。	☐

如果你处理的方式与上述选项类似，请你进一步了解孩子的性格和行为培养知识。

关键知识

在教育领域，3 ～ 6 岁被称为“潮湿的水泥期”，说的是这个年龄段的孩子像“潮湿的水泥”般具有很强的可塑性，是性格形成的主要时期。研究表明，一个人一生 80% ～ 90% 的性格特征、志向理想、生活方式，都是在这个阶段形成的。其后，“水泥”慢慢凝固，7 ～ 12 岁被称为“正在凝固的水泥期”，孩子的性格慢慢固定下来，改变越来越困难。民间俗语“三岁看大，七岁看老”，说的就是这个特征。3 岁前，孩子身心发展迅速，具备 100% 的吸收性心智；3 岁左右形成青少年时期的心理与个性雏形；3 ～ 6 岁，孩子自我意识发展，大脑重量和体积慢慢接近成人，个性与心理特征慢慢成形；到了 7 岁，基本能看到成年后的性情和行为特点。当然，这里的 3 岁与 7 岁都是虚指，大脑和性格是终生可塑的，但随着年龄增大，可塑性越来越小。这句俗语正好说明了幼年时期性格培养的重要性。家长要予以特别关注，避免错过孩子性格培养的关键期。

建议方法

孩子性格与品质的形成，关键在于幼年和童年时期。父母要以身作则，关注自己的言语与行为，不指责、不谩骂、不嘲讽孩子，抓住孩子的性格最佳塑造期进行积极的培养。

充分认识幼儿阶段性格培养的重要性

“3 岁看大，7 岁看老”里说的年龄在古代虽是一个概数，却被现代科学所证明。1980 年，伦敦精神病学研究所教授卡斯比及其同事对 1000 名 3 岁幼儿进行了面试，将这些幼儿分为充满自信、良好适应、沉默寡言、自我约束和坐立不安 5 大类。2003 年，当这些孩子 26 岁时，卡斯比等精神病学家再次与他们进行了面谈并对他们进行了详细调查。调查发现，当年 28% 的被认为“充满自信”的幼儿成年后性格开朗、坚强、果断，领导欲较强；40% 被归为“良好适应”、8% 被归为“沉默寡言”、10% 被归为“坐立不安”和 14% 被归为“自我约束”型的幼儿，性格也基本和小时候一模一样。他们的报告称：3 岁幼童的言行可预示他们成年后的性格，为“3 岁看大”的说法提供了有力证据，曾经引起世界性的轰动。家长要看到孩子的心理模式发展规律，关注孩子性格的形成过程，转变只看重知识、能力培养的观念。

了解性格培养特点，抓住培养的关键期

0 ~ 3 岁是性格形成的关键期，这时候孩子接触的基本上都是家人，父母的行为准则就是模板，直接决定了孩子一生所依据的行为准则，所以说家庭影响孩子的性格养成；3 ~ 6 岁是性格的修正及填补期，性格具有可塑性，还没有完全定型，孩子 80% 以上的性格、习惯及生活方式就像未干的水泥一样，可根据不同的手法塑造成不同形状，3 岁前出现的性格缺陷可以修正；6 ~ 12 岁是性格逐渐成形期，80%~90% 的性格和生活方式像已经凝固的水

泥一样，基本成形，想要改变就不再像之前那么容易。所以，如果错过了0～3岁，当孩子处在3～6岁“潮湿的水泥期”时，家长要充分了解年龄段的特点，营造良好的家庭环境，观察孩子的性格和行为表现，予以正确的陪伴和引导，帮助孩子养成良好的性格和生活习惯。

教孩子认知和管理情绪，培养积极乐观的性格

情绪是影响并慢慢改变性格的重要因素，坏情绪是导致不良性格的诱因。3岁左右，孩子调节情绪的认知策略开始出现，能掌握一些简单的情绪表达规则了。家长要接受孩子的消极情绪，在日常生活中教他认识情绪——高兴、愤怒、失望、期待等，鼓励他准确表达情绪。准确表达是管理情绪的开端，有时只需表达出来，情绪问题就解决了。表达之外，还要教会孩子处理消极情绪，可以用沙发、枕头设置“安全发泄岛”或“情绪垃圾箱”，当情绪不好时，让孩子通过打沙发、打枕头、撕纸、把坏情绪画出来扔进“垃圾箱”等方式进行宣泄。同时，家长要跟孩子一起品味生活中的乐趣和美好，关注孩子的兴趣和专注力培养，看到并肯定他的努力与正向品格，引导孩子发展出积极乐观的性格。

如发现不良的性格倾向，家长要及时进行干预和帮助

幼年时期，孩子非常容易形成害羞、坏脾气、不合群等性格特点，家长一旦发现，要反思教养方式和教养环境，尽早干预和纠正。害羞的孩子常常在家手舞足蹈、能唱能跳，一见到生人立即安安静静不说话，许多家长无论怎么苦口婆心，孩子都不肯打招呼，这时要创造各种机会，教会孩子如何接触陌生人。坏脾气的孩子一不如意就尖叫、打滚、摔东西、踢打，家长要给孩子传达一个信息：生气可以，但以消极、发脾气或者造成伤害的方式发泄不可以，引导他与情绪“待”一会儿，用“安全发泄岛”等健康方式宣泄情绪。不合群的孩子容易与其他孩子发生冲突，很难加入同伴游戏，家长要多

带孩子接触同伴，引导他摆脱以自我为中心的心态，遵守游戏规则。还有懦弱、胆小的孩子，家长要注意经常表扬孩子，培养孩子的自信心。

重点回顾

3~6 岁被称为“潮湿的水泥期”，是孩子性格、理想、生活方式形成的关键期，也是 3 岁前孩子形成的性格缺陷修正的关键期。家长要认识到 6 岁前孩子性格培养与修正的重要性，抓住关键期进行关键教育，教会孩子认知和管理情绪，在生活中培养其积极乐观的性格。一旦发现孩子有害羞、胆小、坏脾气及不合群等性格倾向，家长要反思家庭教养方式和环境，尽早予以干预和纠正，在“潮湿的水泥期”帮孩子“塑好形”，奠定良好的发展基础。

家长如何做孩子的榜样？

典型情景

多多，3岁半，从幼儿园一回家，就向外公外婆要手机玩，不给的话，她就又哭又闹。妈妈给她讲道理，她却说爸爸天天一下班就玩手机，为什么自己不能玩。妈妈发现，多多经常到梳妆台拿自己的口红、眉笔，在嘴唇、眉毛上乱涂乱画，脸上弄得红一块黑一块的。妈妈又好气又好笑：这孩子见啥学啥，问她还有一堆道理，怎么办呢？

对照判断

看一看，你家的日常生活中是否有如下现象？

表现	判断
❶ 早上妈妈起来了，孩子也起来了，爸爸还在睡懒觉。	□
❷ 说好吃饭时要一心一意，不干其他事，可爸爸一直在接听手机。	□
❸ 反复强调孩子玩手机不能超过 10 分钟，但自己一有空就翻看手机。	□
❹ 跟孩子说玩具要收好，不能乱扔，家长在家里却把要用的东西随手乱扔，扔得满地都是。	□
❺ 经常当着孩子的面化妆，还美美地告诉孩子，妈妈化了妆才漂亮好看。	□
❻ 催促孩子早点上床睡觉，自己却磨磨蹭蹭地一会儿叠衣服，一会儿看小说，不到半夜不睡觉。	□

如果3岁左右孩子的家长勾选了上述选项，说明你对孩子本年龄段的学习认知还不够，需要学习以下内容。

关键知识

模仿是幼儿的主要学习方式，以身作则是家庭教育的主要方式。研究表明，孩子从出生就开始模仿，3～4岁是模仿能力最强的时期，这时的孩子就像家长的一面镜子，家长做什么，孩子就喜欢跟在后面学什么。平时家长并不在意的一些言行，都会被孩子不经意间学去。

3～4岁的幼儿已经发展出了延迟模仿能力，即便当时不模仿，他也能记下来并择机模仿大人的行为和语言。所以，对3岁左右的孩子，家长以身作则显得特别重要，家长“说”到不如“做”到，不希望孩子做的事情，家长尽量不在孩子面前做，如出言不逊、不说实话、乱堆乱放等。

建议方法

教儿教女先教己

家长是孩子的第一任老师，家长的一言一行影响着孩子，孩子会模仿家长的行为举止。因此，希望孩子做到的，自己先做到。如要求孩子收好玩具，自己就要把随手用过的东西收好，保持房间干净整洁；要求孩子不玩手机，家长在孩子面前尽量不长时间盯着手机看。家长做到了，孩子可能就学到了。只要家长以身作则，积极引导鼓励，做孩子成长路上的探索者和同伴，孩子的发展就会更好。

约定共同遵守的规则

如果孩子已经养成了一些“坏”习惯，可以与孩子约定改正的规则，且这个规则家长要与孩子共同遵守，不要让孩子产生大人说一套做一套的感受。如希望孩子早睡早起，家长就要作息规律；希望孩子吃饭“一心不二用”，家长吃饭时就要一心一意。3 岁的孩子专注力持续时间短暂，记忆也不深刻，只有当家长遵守规则了，孩子耳濡目染，他才能很快改掉坏习惯。

在孩子面前要注意自己的言行

大人的有些行为是不适合在孩子面前展示或表现的，如化妆、与家人吵嘴、抱怨指责他人等。家长要注意孩子 3 岁了，他时时刻刻在学习大人，一定不要在孩子面前爆粗口、做不雅动作或看暴力的电影等，要行得正坐得端，注意自己的一言一行，要牢记自己是有孩子的人，自己的行为是孩子行为和心理发育的指南针。

对孩子说到做到，别轻易承诺

孩子在与家长的相处中学习为人处世的方式。对于承诺孩子的话，家长要说到做到，不能认为孩子年龄还小，忘性大，睡一觉就忘了。实际上，孩子对他在乎的事，会时刻记着，如果家长说了没做到，孩子容易失去对家长的信任。特别在孩子哭闹时，不要为了哄孩子轻易承诺，特别是不可能完成的事，这样会让孩子产生错误认知，越来越难管教。

别太溺爱孩子，也别太苛待孩子

有些家长随便孩子想怎么样就怎么样，3 岁了还喂孩子吃饭，平时没时间陪在孩子身边，哪天心血来潮陪陪孩子的时候，孩子要什么就给他买什么，买一堆礼物或者玩具。这种溺爱的方式很容易让孩子产生“误解”，认为自己是世界的中心，时间长了就会变得自私，内心脆弱，经受不了挫折。有些家长正好相反，管教过于严苛，孩子稍不听话就惩罚，做了一点错事就打骂，这样容易让孩子胆小怯懦，兴趣狭窄，长大后叛逆。所以，以身作则还包括心理层面，家长自己不愿意承受的情绪和情感，也不要让孩子去面对和承受。

重点回顾

在孩子 3 ～ 4 岁模仿能力最强的年龄段，家长要特别注意自己的一言一行和家庭氛围的营造，以作息规律、热爱读书、喜欢运动这些积极正向的行为来给孩子树立榜样，注意不把坏习惯带给孩子，不在孩子面前做不适合其年龄段模仿的事。

如果孩子有坏习惯倾向，可以和他共同制定规则，通过共同遵守来调整。对孩子的管教也要适度，不溺爱、不严苛，以良好的心理状态培养孩子良好的心理能力。

3岁孩子的家庭教育主要关注哪些方面？

典型情景

莉莉，3周岁。为教育好孩子，妈妈看了很多育儿书，听了不少育儿讲座，但越看越糊涂。有的书说3岁立规矩、培养自信最重要；有的视频讲3岁培养独立意识、发展语言不可少；还有的育儿讲座说3岁看大，性格培养是重中之重。妈妈群里大家也在讨论，3岁该上幼儿园了，要开始认字、读书了……都说3岁是人生第一个转折点，到底该怎样教育呢？

对照判断

看一看，你对3岁孩子的教育是怎样的？

表现	判断
❶ 顺其自然，没有明确目标，随大溜跟着别人做。	□
❷ 唯恐输在起跑线上，给孩子报了很多辅导班，孩子比大人还忙。	□
❸ 重视性格和知识教育，但生活方面随其意愿，是否按时起床、是否自己吃饭都顺着孩子来。	□
❹ 今天看书说要立规矩，马上立规矩；明天听视频说要培养独立意识，马上让他自己吃饭；后天听讲座说专注力重要，赶紧让孩子练习夹豆子来培养专注力。	□
❺ 尽量满足孩子的需求，放任自流，一切以孩子为中心。	□

如果你勾选了以上选项，说明你对3岁孩子的教育理念还不了解，请你耐心阅读以下内容。

关键知识

常言说："3 岁看大，7 岁看老。"科学研究显示，一个人出生时的脑重量只有约 370 克，到 3 岁时，孩子的脑重量已达到成人脑重量的 80% 左右，他的神经系统开始高度发展。3 岁是人类心理发展的一个分水岭，是多方面能力发展的敏感期，包括语言、秩序、空间、色彩、智能思维发展等，是认知、学习能力和智力提升的关键期，也是情绪爆发期和性别意识萌芽期。

3 岁的孩子开始上幼儿园，是进入系统性、规律性教育的起始期。根据 3 岁孩子的特点，关注各个敏感期的教育，确定系统的家庭教育原则和策略，并根据孩子的个性确定家庭教育方法，是 3 岁孩子的家庭应该重点考虑的教育话题。

建议方法

家长要充分认识到 3 岁孩子教育的重要性，不要纠结教育的全面性。

注意立规矩、树规则，培养良好的生活习惯

孩子 3 岁左右，对周围世界充满了好奇，语言理解和表达能力快速提升，具备了初步的判断能力，能理解哪些事能做，哪些事不能做，此时是立规矩和培养规则意识的最佳时期。

立规矩要注意两个方面：一是制定规则，要从小事做起，从培养良好的生活习惯做起，如按时作息、自己吃饭、刷牙洗脸、收拾玩具等，规则要具体易行，能张贴看见，符合孩子的天性，让孩子能够理解；二是执行规则，要记住规则不是法律，执行过程中可以坚持原则，灵活应变，率先示范，言传身教，鼓励尝试，引领体验，宽容耐心，循序渐进。家长只要有足够的耐

心和有效的方法，时间长了，孩子的外部秩序就会巩固、内化，成为规则。

注意不溺爱、不娇惯，培养生活自理能力

孩子 3 ～ 4 岁时，已经萌发出自信心和独立性，特别愿意独立去做很多事情。家长要支持和鼓励孩子锻炼生活自理能力，如自己收拾玩具、上厕所等，不要因为孩子做得慢，或者做得不好而责骂或代做，要在孩子遇到困难时予以适当帮助。

如果孩子上幼儿园了，老师在一日生活中也会非常重视培养孩子自己穿脱衣服、喝水、吃饭、睡觉等自理能力，家长要经常与老师沟通，了解孩子哪些方面做得好，哪些方面需要利用家庭生活进行强化，通过家园共育帮助孩子实现自己的事情自己做。

注意多陪伴、多阅读，养成良好的阅读习惯

很多家长都知道，儿童时期的陪伴很重要，但对于如何陪伴，却并不一定真正了解。比如爸爸妈妈陪伴时却在玩手机或长时间接打电话，其实，这种人在心不在的陪伴还不如不陪。

3 岁是孩子成长中的一个关键阶段，对孩子性格、人格、能力的培养都很重要。3 岁也是孩子进入口头语言发展的第一个关键期，对图画书的兴趣大增。家长可以布置一个温馨的阅读角，尽量高频次、固定时间陪伴孩子阅读，这既是对孩子的良好陪伴，又能让孩子理解和积累丰富的词汇，加强对故事的理解，激发联想能力。精心编写的图画书对陶冶孩子性情、培养良好品质能起到很好的作用。家长可以选择富有教育价值的绘本，每天晚上读给孩子听，培养孩子的良好阅读习惯。

注意多动手、多游戏，在生活中实现教育

游戏是孩子的天性。儿童教育家陈鹤琴认为，儿童具有天生的好奇心，

生来好动，喜欢模仿，喜欢户外活动，喜欢一起玩耍。大量事实证明，在尊重孩子成长规律、适应孩子天性、提升孩子“综合实力”方面，最好的教育是游戏和生活实践。

在家为孩子创造动手动脑的条件，给孩子提供多种材料，引导孩子创新玩法，与孩子一起自制玩具，开展各种动手活动，做力所能及的家务活动等，这些都是给孩子最好的教育。孩子天生是动手的行家，只要给他足够的空间，他就能玩出无穷的花样；孩子天生喜欢自主生活，只要让他自己去操作，他就能慢慢处理好自己的事情。这些方式能锻炼孩子的手脑协调能力，是进行智力开发最有效、最简单的方法。

2007 年美国北卡罗来纳大学的一项研究发现，幼儿时期玩得充分的孩子，5 岁之后智力要比对照组的孩子高出很多。

重点回顾

3 岁是孩子多方面能力发展的关键期。家长在教育上切忌人云亦云，眉毛胡子一把抓。要认真思考 3 岁的年龄特点和身心规律，抓住语言、秩序、空间、色彩、智能发展等多个发展关键期，注意采用适合自家孩子特点的方法，给孩子立规矩，建立规则意识；不溺爱，让孩子学习自己的事情自己做，养成良好生活习惯；多进行亲子阅读，养成良好的阅读习惯；并利用孩子爱玩的天性，创设动手的良好环境，让孩子多游戏，在生活中接受教育，奠定全面发展的良好基础。

亲子沟通与有效互动

3岁孩子的理解力及其他各项能力快速发展，小脑袋里开始有各种“鬼主意”。如何与他沟通？能让他独自玩吗？他天天追着问为什么，还常常故意唱反调，父母怎么应对呢？自从有了二宝，大宝总说爸爸妈妈不爱他了，这到底是怎么回事？让我们走进这个主题，看看如何与3岁的萌宝沟通和互动吧！

如何与 3 岁萌宝进行沟通？

典型情景

小美，3 岁半，有时爱说爱笑，有时爱哭爱闹，一时“晴”一时“雨”，小小脑瓜中不知在想些什么。妈妈认认真真地跟她说话，她有时爱理不理，有时答非所问，有时大吼大叫，有时嘟嘟囔囔说一通，搞得妈妈常常不知所措。3 岁孩子有了自己的一点点想法，要怎么和她交流呢？

对照判断

看一看，你与孩子互动时是否也出现了以下情形呢？

表现	判断
❶ 孩子主动和家长聊天，可是爸爸妈妈听不太明白他说的意思。	□
❷ 孩子表达有些慢时，家长主动帮孩子说出他想说的话，孩子却不领情，还发脾气。	□
❸ 家长跟孩子说话，孩子听了没几分钟就插嘴打断了对话。	□
❹ 孩子犯错的时候，家长认真地跟他讲道理，孩子却听不明白，问道：“妈妈，你在说什么？”	□
❺ 家长总夸孩子：“你真棒！”孩子反应平淡，或者做一点事就追问家长：“我棒不棒？”	□
❻ 家长总想让孩子多学些知识，经常跟他讲要好好学习，孩子听了有些厌烦。	□

如果出现上述情况，说明你对如何跟 3 岁的孩子沟通还不够了解。

关键知识

2.5 ~ 3.5 岁是孩子口头语言发展的关键期。孩子的世界充满各种幻想，他开始会讲故事，玩幻想或角色扮演游戏；他掌握了部分语言的规则，每天不断练习积累惊人的词汇量，逐步学会用语言来表达自己的欲望和感受；他对身边发生的每一件事都很好奇，每天会不停地提出各种问题；他的理解能力、思维能力和注意力都有了很大的进步，对与他人沟通有了更积极主动的意愿，对自主、独立和自由有了更多的需求，但也常常表现出脾气执拗、追求完美和情绪多变等特点。

有时父母跟不上孩子的快速变化，不理解他究竟在想什么以及想要做什么，会让孩子产生情绪甚至烦恼。为此，了解孩子的需求，适应他的沟通方式，用肢体接触加强情感联结，多倾听孩子的表达，鼓励孩子学会清晰的口语表达，锻炼孩子良好的语言能力，进一步拉近亲子关系，是 3 岁孩子的家长需要努力完成的重要任务。

建议方法

与 3 岁的孩子实现情感联结和有效沟通，你可以试一试以下方法。

学会听，听懂孩子真实的想法

3 岁的孩子身心还处在发展中，语言表达能力不够完善，特别在孩子伴有情绪的表述时，常常会语无伦次。因此，在孩子开心分享或生气抱怨时，家长耐心地倾听孩子很重要。即使有时孩子需要时间组织语言，家长也要眼睛看着孩子，集中精力耐心等待孩子说完，不要着急打断孩子或代替孩子表达。通过倾听，家长可以尽量全面了解孩子的问题和观点，避免误解孩子的想法。家长全身心地倾听孩子，能够带给孩子安全感和信任感。

学会问，促进孩子主动积极表达

与3岁的孩子沟通时，可以多问一句，让孩子的想象延伸，也就是无论孩子平时说什么、指认什么，只要时间允许，都多问一句“像什么？”“在干什么？”等。比如，孩子指着天上的白云说，白云一朵一朵的，家长就问：“像什么？”从而启发孩子说“像棉花糖”或“像一群绵羊”。家长还可以接着问：“棉花糖是什么味道的？”“有草莓味的、甜橙味的，可好吃了。”孩子会在表述时自然地进行想象，时间长了，遇到其他物品，他会“自然迁移”。比如，他会说：“妈妈给我买的牛角蛋糕，弯弯的像月亮。”“我摘了一个小蘑菇，就像家里的小伞。”他的语言表达会变得更丰富、更有创意，也更愿意主动表达。

学会说，让孩子表达真实感受

与3岁的孩子交流，从感情入手最有效。当孩子哭闹无法表达的时候，家长要站在孩子的角度用心体会，理解孩子的感受并帮助他表达出来。“你感到很生气和难过，因为你的红色气球被别人拿走了，你很喜欢它，对吗？”恰当的理解式表达，能够帮助孩子明确自己的感受，体验到家长对自己情绪的接纳。

在孩子情绪平和的时候，家长也可以说出自己的感受，表达对孩子的情感和期待，这同时也是给孩子示范有效沟通的方式，可以帮助孩子提升社会交往技能。比如，说好了去超市买一个玩具，孩子却一定要买两个。妈妈可以跟他说：“说好了买一个，你现在又要买两个，妈妈很不高兴。宝宝一定不愿意看到妈妈不高兴，对吗？”把买两个玩具转移到妈妈不高兴上，激发孩子的情感反应，可能他就不会关注两个玩具了。

学会答，积极回应孩子的问题

对3岁的孩子，家长应当做到有问必答。无论孩子是倾诉、询问还是自言自语的提问，家长都要给予积极的回应。一方面让孩子感受到自己被尊重；另一方面孩子在交流的过程中，会逐渐熟练应用和掌握语言，感知到有了问题能得到回应，他才会大胆沟通、交流和提问，自然就能发展语言能力了。如孩子问："为什么妈妈要结婚呢？"妈妈可以回答："是为了与爸爸和宝宝在一起，我们幸福快乐地生活。"有时回答孩子的问题不一定要特别科学，不歪曲事实、符合逻辑就行。

学会夸，鼓励孩子敢说多说

心理学家曾说："孩子需要鼓励，就像植物需要水。"在与孩子沟通的过程中，持续的鼓励必不可少。家长要关注孩子的语言表现，及时给予鼓励。当孩子说得特别得体、特别顺利时，家长要积极鼓励："宝宝说得真好，把大家都逗笑了。"注意要结合孩子说的具体语言来鼓励，让孩子知道怎样说是好的表达。鼓励次数多了，孩子就能慢慢悟出哪些语言受欢迎，就会越来越多地倾向于这样表达，自信心也会越来越强，也就敢说、愿说、多说。具体的鼓励方式可以参考如下内容。

描述式鼓励	我看到／听到／注意到＋具体的事	宝贝，妈妈看到你吃完饭就自己把碗筷拿到厨房去了。
致谢式鼓励	谢谢你＋具体的事	谢谢你在妈妈打电话的时候在旁边安静地等我。
赋能式鼓励	我相信你可以＋具体的事	妈妈相信你和小朋友们可以一起想到一个好办法的！
启发式鼓励	你是怎么做到的呢？你有什么感觉？	宝贝，你今天摔疼了都没有哭，你是怎么做到的？

重点回顾

家长要抓住 3 岁左右孩子口头语言发展的关键期，以尊重、接纳、平等和鼓励的态度，接纳孩子的情绪，与孩子建立充分的感情联结，适应孩子的沟通方式，从听、说、问、答、鼓励等多个方面启发孩子敢说话、多说话、正确说话。只要家长赋予孩子足够的语言环境和轻松的沟通氛围，每个孩子都是语言天才，家长与孩子的沟通自然也就没有问题了。

如何培养 3 岁的萌娃独自玩耍？

典型情景

优优，3 岁 3 个月，整天要求妈妈陪她玩，妈妈稍微一离开她的视线，她就会大喊大叫："妈妈，你在哪里，快回来！"妈妈回来稍晚一点，她会哭闹半天。可是妈妈陪着她的时候，她却并不怎么理会妈妈，而是自己玩玩具或跟别的孩子一起玩。妈妈很担心，都说 3 岁是培养独立意识的重要阶段，优优总是离不开自己，到底是怎么回事呢？

对照判断

一起看看，你的孩子是否有以下表现？

表现	判断
❶ 孩子能够专注地玩玩具、听故事，在一定的情形下还会有相应的反应，例如跟着笑起来。	□
❷ 孩子能够积极地与他人互动，能够主动加入同龄伙伴的游戏中。	□
❸ 孩子在陌生的环境中会依赖大人，但在大人陪伴下能够很快适应并融入其中。	□
❹ 孩子会主动观察环境，表达对环境和他人的印象或感受。	□
❺ 家长短暂离开前告知孩子时，孩子能够理解并安心等待。	□

如果上面的选项你的孩子大部分都能做到，你就可以放心地让他独自玩耍了。

关键知识

按英国心理学家约翰·鲍尔比（J. Bowlby）的依恋发展理论，3岁的孩子发展到依恋关系的第四个阶段：目标调整的伙伴关系阶段。他能认识并理解妈妈的情感、需要和愿望，根据妈妈的需要调整自己的情绪和行为反应。他开始把妈妈当作一个交往伙伴，与妈妈空间上的邻近变得不那么重要，当妈妈需要干一件事情离开时，他能表示理解和接受，也能自己比较快乐地玩耍。如果孩子依然非常黏人，不愿意独立玩耍，可能是他们内在的依恋需求没有被满足，过于缺乏安全感，不信任周围的环境，也不信任自己，想通过紧紧依赖父母来获得足够的安全感。这是孩子依恋情感发展滞后的表现，这种现象不仅在幼儿时期，在整个小学阶段都会出现。家长要加以重视，给予孩子更多关心、爱护和更高质量的陪伴，尽量满足孩子的心理和情感需求后，有意识地培养孩子的独立性，让他学会独立做事情、独自玩耍等。因为3岁孩子的认知、社交、情感都已达到一个能够独立的新水平，是培养独立性的最佳时期，3岁的孩子也到了入园年龄，独立性强的孩子更容易适应入园的新生活。

建议方法

锻炼和培养孩子独自玩耍的能力，家长们可以尝试以下方法。

建立安全感圆环，满足心理安全需要

安全感圆环是儿童心理上经常被提到的模型。家长作为安全基地，在孩子独自玩耍或探索外部世界时，要给予及时的回应和支持，帮助孩子慢慢扩展探索的范围。比如，陪伴孩子玩耍时，家长可以告诉孩子自己就在附近；在孩子召唤家长时，第一时间要给予回应；等等。这些会让孩子感到安心，获得更大的安全感，从而尽早实现独立玩耍。有时候家长实在忙

于事务，不能及时回应孩子，也可以借助智能音响、绘本机器人等软件设备，在必要的时候使用，起到陪伴孩子和鼓励孩子独自玩耍的作用。

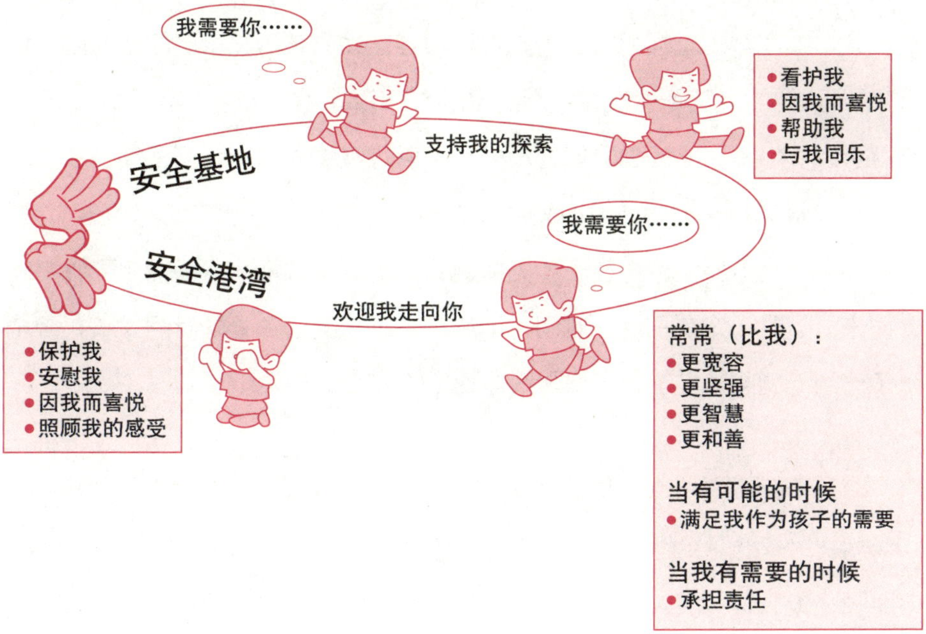

安全感圆环

提前讲清“道理”，创设独立空间

在准备让孩子独自玩耍之前，家长可先准备一套话术，如：“宝宝已经长大了，能独自处理很多事情了，上午帮妈妈倒了垃圾，是妈妈的好帮手。宝宝愿意像爸爸妈妈一样，有自己专门的工作做吗？”这段话里没有命令，也没有指责，通过“看见”宝宝的能力，让他产生“长大了”的责任感，激发他想要独立做事的欲望。在给孩子讲清“道理”之后，给他创设一个可以独处的私人空间，比如带孩子在客厅搭一个小帐篷，布置成他喜欢的样子，摆放好他喜欢的玩具，告诉他“你的地盘你做主”，让他自己待在帐篷里，提升他的归属感和对独处的接受度。时间长了，孩子不再感觉到独处时没有安全感，就能独自一人玩耍了。

提供可玩性强的可独自玩耍的玩具，慢慢增加独自玩耍的时间

挑选一两件孩子特别喜欢的、可以独自探索的玩具。因玩具的拓展性和创造性相对要强，家长可挑选难度适中、能玩出花样、适合孩子玩角色扮演的玩具，如适龄的拼插积木、骑乘类玩具等。如果孩子在自己的空间内被玩具吸引，就能独自玩一段时间。但一开始，不要期望孩子独自玩很久，10 分钟就可以。随着孩子的独立能力增强，可以逐步增加时间，至于增加多长时间，可以根据孩子的状态及时调整。在孩子慢慢地接受能自己玩的事实后，可以准备一个沙漏，告诉孩子：妈妈到另一个房间做事，沙漏漏完了妈妈就会回来。这时一定要把握好时间，不要一下子让孩子独处的时间太长，否则孩子感到无聊或不安全，会增加锻炼独处的难度。

设定共同游戏时间，帮助建立自信心

对比较黏大人的孩子，可以跟他商量设定共同游戏的时间，如每天上午、下午和晚饭后各一次，每次 1 小时左右。玩耍时让孩子决定玩什么、怎么玩，父母放下手中所有其他工作，专心致志地予以配合和支持，让孩子感受到这个游戏时间父母很乐意陪他。一段时间后，让孩子在特定的游戏时间找父母一起玩，其他时间可以自己玩，父母就有相对独立的时间了。

要关注孩子独自玩耍时的行为，适时予以肯定和鼓励，如第一次宝宝独自玩 10 分钟时，拥抱或亲吻他并肯定他的表现："宝宝长大了，自己安静地玩了 10 分钟呢。" 父母可以学习一种提醒自己多鼓励孩子的方法，即"花生米法"，准备 10 颗花生米，每天早晨全部放在自己左边的口袋里，每鼓励一次孩子就转移一颗花生米到右边的口袋里。一天结束后，10 颗花生米要全部得到转移。这虽然是个简单的动作，但会给父母一个心理暗示：要及时关注孩子的积极行为并给他鼓励。鼓励孩子时父母要明确告诉他哪些行为得到了赞扬，比如可以鼓励孩子："你刚刚自己拼出了一个乐高小汽车，真漂亮，妈妈好喜

欢！”宝宝受到的鼓励多了，自信心慢慢建立，就会愿意独立游戏了。

不打扰专注的孩子，布置任务锻炼独立能力

如果孩子进入独自游戏状态，没有特殊原因，父母不要打扰他，不要频繁地提醒孩子喝水，不要送牛奶、水果，不要问“饿了吗”等需求。父母可以安静地陪在左右或悄然离开，直到孩子从当前的游戏中停下来。这能培养孩子的专注力，有助于养成长久独自玩耍的习惯。除玩耍外，3 岁的孩子对家务也会感兴趣，父母可以从锻炼自理能力开始，如让孩子自己吃饭、上厕所、穿衣服、整理玩具等，培养他的独立意识；然后给孩子布置一些家务劳动，如每天给花浇水、打扫客厅的地面、餐前擦餐桌等，锻炼独自干活的能力，增加孩子的成就感。

重点回顾

3 岁的孩子身心发展已达到能独立玩耍的水平，如果还总是黏着妈妈或家里人，这是依恋情感发展相对滞后的表现，孩子可能缺乏安全感，对周围的人和事都不够信任，对自己也没有信心。这时父母要高度重视，要通过“安全感圆环法”满足孩子心理安全的需要；创设独处空间等，培养孩子的独立意识，然后提供好玩的玩具，慢慢增加孩子独自玩耍的时间；用“花生米法”暗示自己多鼓励孩子，帮助孩子建立自信心；必要时也可以设置共同玩耍的时间，培养他在游戏中的主动性和专注力，让他明白在共同玩耍后要学会独自玩耍；通过家务活培养他的自理能力和做家务的习惯，提升孩子的自主性。当孩子构筑了安全感，培养了自理意识后，在安全的环境中，他就能独自玩耍了。

生完二胎后如何让大宝感到父母仍然爱他？

典型情景

糖糖，3 岁 8 个月。妈妈生完二胎后，单独陪糖糖的时间有所减少。每次糖糖想要妈妈陪着玩而妈妈无法抽身时，糖糖都会哭着说“妈妈爱弟弟，不爱我了”，悲痛的哭声让人心疼；妈妈给弟弟喂奶时，糖糖会过来吵着要喝奶粉；妈妈给弟弟换尿布时，糖糖就缠着妈妈读绘本。妈妈很困惑：弟弟小，确实需要花很多精力照顾他，但自己对糖糖的爱和陪伴并没有减少，怎样才能让糖糖感受到妈妈的爱呢？

对照判断

看一看，你家的两个孩子，是否也有以下情形呢？

表现	判断
❶ 有了小宝后，大宝退行到了小宝的状态，要喝奶瓶，甚至开始尿裤子。	□
❷ 大宝控诉爸爸妈妈更爱小宝，不爱自己了。	□
❸ 家长忙于照顾小宝，经常让大宝等待：“你先自己玩，妈妈一会儿再陪你。”	□
❹ 家长不断提醒大宝要爱小宝：“他 / 她是你的弟弟 / 妹妹，你也要爱他 / 她啊！”但大宝根本无动于衷。	□
❺ 家长觉得自己没有足够的时间陪伴大宝，感到抱歉和内疚。	□

如果你家有上述情形，说明你没有处理好手足之争。

关键知识

小宝的到来让大宝的生活发生了巨大的变化，大宝有很多不适应，会感觉以前的“宇宙中心”地位没了，处处是危机。因为 3 岁的孩子还无法从理智上理解“家人”的概念，他所感受到的是这个新来的小宝正在抢走妈妈对他的爱。他内心很不舒服，会产生争宠、抱怨或嫉妒、攻击甚至退行的行为，如特别黏人、动不动就哭闹、尿裤子、偷偷打小宝等。这是大宝正常的自我调节，也是他寻求关注的求助信号。父母要关注到大宝的心理变化，不要以为大宝还小就不理会他的心情和不满，更不能把他斥责一顿，或者强迫他去爱小宝。父母要更加重视大宝的需要，尽量多抱抱他，告诉他父母都很爱他，不让他有被冷落的孤独感。

如果大宝用破坏性行为来寻求关注，父母要第一时间去帮他处理破坏的事件，然后平静地告诉他这样做不对，不要斥责和责备，而是说爸爸妈妈也很爱他。如大宝在妈妈带二宝时把大小便拉在了裤子里并大哭，妈妈可以放下二宝，先帮大宝把裤子换掉，拥抱他并告诉他这样做不对，但妈妈理解他而且仍然爱他。大宝感受到父母的关注和爱，心理获得满足后，慢慢就会适应家中有二宝了。

建议方法

如何在照顾小宝的同时，兼顾对大宝的关爱，请尝试以下方法。

理解落差，共情感受

父母要看到大宝在面对二宝时的心理落差，并帮助大宝表达和释放情绪。“宝贝，你特别希望妈妈这会儿陪你玩，对吗？弟弟很快就能喝完奶，妈妈马上过来。”通常我们帮孩子说出他的感受，他就会因为被理解而感到欣慰，再给他以实现期望的时间，大宝感觉自己的期望得到了重视，情绪就会得到释放。

这个时期，父母要更多地照顾大宝的情感需求，从语言、陪伴等各方面让大宝感受到被重视。在大宝需要时抱抱他，需要陪玩时陪陪他；在大宝因“失落”而搞破坏时，帮他处理好破坏局面，告诉他父母仍然很爱他，因为他是父母的第一个孩子，父母对他有特殊感情，就像他自己拥有的第一个小汽车玩具一样。家长可以在小宝低月龄段，大部分时间吃、喝、睡时，想办法多多照顾大宝，这是解决问题的关键。

特殊时光，大宝专属

与大宝确定一段专属于他的特殊时光，并固定频率和时长，比如每晚19：00～19：20。在这个时段里，全身心地陪伴大宝，一起做他喜欢做的事，确保不受其他任何事情干扰。或者在睡前坚持给大宝讲睡前故事，让大宝感受到父母对他专属的爱。当大宝有一段可以期待的特殊时光的时候，他更能感受到与家长的联结和爱，在家长忙于照顾小宝的时候，也更有力量和耐心去等待。

蜡烛故事，传达爱意

家长可以把源自《正面管教》一书的《蜡烛故事》以演示的方式讲给大宝听，帮助他理解爱的意义。妈妈准备四支长短不一的蜡烛，告诉大宝它们代表家中的四个人。点燃“妈妈蜡烛”：“烛火代表妈妈的爱。”用“妈妈蜡烛”的烛火点燃“爸爸蜡烛”：“妈妈把自己的爱全部给了爸爸，而我的爱一点都没少。”点燃“大宝蜡烛”：“妈妈生了你，我把全部的爱都给了你，而爸爸依然拥有我全部的爱，我的爱也一点都没少。”点燃“小宝蜡烛”：“小宝出生时，我把全部的爱给了他。你看——你仍然拥有我全部的爱，爸爸也拥有我全部的爱，但我的爱并没有减少。因为爱就是这样，你可以把爱传递给你爱的每一个人，而你的爱并不会因此减少。”父母通过这样的演示，让大宝明白，妈妈对他的爱丝毫没有减少，只会更加浓烈，爱因在家人间的流动而变得更加温暖和珍贵。

真诚道歉，请求帮助

如果妈妈照顾两个孩子时有情绪崩溃的情况，只要及时给孩子道歉，就可以弥补对孩子造成的伤害。妈妈可以柔和地跟大宝说：“妈妈刚才的样子是不是特别不好看？ 妈妈不该对你发脾气，妈妈很爱你，请原谅妈妈一次，下次妈妈发脾气时，你能提醒一下妈妈吗？”然后紧紧地抱一抱大宝。在大宝情绪平和的时候，创造机会让他参与照顾小宝，可以跟他说：“你小时候妈妈也是这样照顾你的，现在我们来一起帮小宝换尿布，你帮妈妈拿一个尿不湿过来，好吗？”让大宝找到心里那种熟悉的依恋感，并巧妙地强调独属于他的角色和权力，让他有做小帮手的成就感，自觉地爱护弟弟 / 妹妹。

家长在分身乏术时，也可以真诚地向大宝寻求帮助，邀请大宝参与到照顾小宝的行列中。如妈妈在帮小宝穿脱衣裤时，请大宝试摸奶瓶的温度，把奶瓶拿过来等。“看，你都能照顾小弟弟了，妈妈特别高兴。”“你试的奶瓶温度刚刚好，弟弟吃得很开心，你是怎么做到的？”被妈妈真诚关注和看见的大宝，提升了自身价值感，有助于建立与小宝的连接，也能更好地体会爱的感觉。

重点回顾

如何兼顾两个孩子的照料对于二胎家庭来说是必修课，家长要理解大宝的不适应或失落情绪，及时调整亲子交流和互动的方式。通过理解和共情，让大宝感受到父母对他的重视；通过合理安排和创设特殊亲子时间，满足大宝对父母的依恋之情；通过《蜡烛故事》，让大宝更好地理解爱的含义；将大宝拉入照顾小宝的行列，多请他帮忙等，增强他的参与感与成就感。在大宝的情感需求得到满足、感受到父母的爱和重视时，他能很快地顺利恢复原来的状态，接受小宝成为家庭一员。

3 岁小孩总和家长唱反调怎么办？

典型情景

壮壮，男孩，3 岁 2 个月，最近总和大人唱反调。大热天外出，他非要穿一件厚外套，不给穿就拒绝出门，怎么劝都没用，僵持到时间来不及了，只能依着他的性子；让他刷牙洗脸养成好习惯，他偏不洗漱直接上床睡觉；幼儿园老师反映，午睡时他一直讲话安静不下来，老师让他安静，他反而用力拍手，大喊大叫……孩子小小年纪就跟大人对着干，长大了可怎么办？

对照判断

这些唱反调的行为，在你的孩子身上有所体现吗？

表现	判断
❶ 执着于自己的想法，不达目的不罢休。比如，吃豆子的时候不用勺子，一定要用筷子。	□
❷ 故意跟家长的要求相反，到点不睡觉、吃饭不上桌、出门不换鞋，让做什么他偏不做。	□
❸ 听不进家长的劝说或讲道理，跟家长顶嘴或做出相反的行为。	□
❹ 经常用“不要”或大发脾气来回应家长。	□

当孩子这样唱反调时，作为家长，你有过以下想法和行为吗？

表现	判断
❶ 不理会孩子的“胡搅蛮缠”，坚持按照自己的想法行事。	□
❷ 被孩子激怒，感觉到自己的权威被挑战，批评孩子或命令孩子听大人的话。	□
❸ 惩罚孩子，让孩子“反思”并逼迫孩子纠正过来。	□
❹ 非常担心孩子，又不得不顺着孩子的意愿，被孩子牵着鼻子走。	□
❺ 郁闷又无措，担心孩子性格出了问题，不知如何是好。	□

如果你对孩子唱反调的行为手足无措，请继续阅读以下内容。

关键知识

2～4岁的孩子，会经历秩序敏感期的“执拗敏感期”，此时的孩子任性、不讲道理、不听父母指令，什么事都得按照他的意愿来，不按他的想法做就大哭大闹，这是孩子性格与判断力创建的一个特殊阶段。从生理发展特点看，4岁前的孩子思维先于行为，他认为思维就是行动而且具有不可逆性，因此比任何时候都显得更“任性”，最明显的就是不听父母的话，甚至故意和家长作对，稍不合心意就会又哭又闹，喜欢做事的过程，但不重视事情的结果。他的“重来一次”“我说了算”“按我说的做”“按我想的做”的做法，让一直照顾他的家长很不适应，觉得孩子跟自己“唱反调”或“对着干”。家长要理解“执拗敏感期”的发展特点，明白孩子的这些“叛逆”行为是他在“执拗敏感期”的本能排斥，而不是有意针对父母，是孩子自我意识发展的表现。家长要尊重孩子的想法和意愿，给予足够的关怀和耐心，在没有危险的情况下，包容、接纳他的脾气和“任性”，但对孩子的不当要求，要坚持立场、温和拒绝并予以指出，从而培养孩子的独立人格，帮助他顺利度过这一敏感期。

建议方法

面对“唱反调”的孩子，家长需要“三思而后行”。

了解情绪，帮助孩子正确表达

对“执拗敏感期”的孩子来说，当有情绪或困难时，往往不知道如何说出来，就会通过破坏性的行为来体现，或者直接把情绪发泄出来。这时，家长首先要包容、接纳孩子的行为和情绪，尽量征求他的意见。如果是合理或非原则性的需求，尽量予以满足，让孩子感受到充分的尊重；如果是原则性问题，家长可以用平和而坚定的语气，为孩子提供有限的选择。例如，当孩子拒绝洗漱时，可以问他：“宝贝，你是想跟小兔子一样蹦蹦跳跳地去刷牙，还是想跟小马一样飞奔过去？”孩子有了选择权，会感到被尊重和有能力，因此会更多地关注解决方案。问题解决后，家长要找准时机因势利导，让孩子明白想要达成自己的目的，正常的沟通方式比哭闹更好，鼓励他明确地将自己的想法表达出来。

设身处地，看到孩子的需求

家长理解了孩子的敏感期后，要尝试站在孩子的角度，理解他行为背后的真实需求，帮助孩子表达出想法和愿望。例如，当孩子坚持在热天穿厚外套的时候，温和地告诉他：“妈妈知道你特别喜欢这件漂亮的外套，妈妈也想让你穿，要是气温没那么高就好了。”孩子想要打扮漂亮的心意被理解了，他就会减少对抗，接下来他就有可能接受家长的建议。孩子情绪好一些了，妈妈可以接着说：“你的小熊汗衫更漂亮，上次穿的时候老师还夸你呢，今天穿漂亮的小熊汗衫怎么样？”

适当转移注意力，灵活变通应对

与执拗期的孩子讲道理是行不通的，当孩子固执地坚持自己的想法，父母给的两到三个选择都不管用时，可以选择转移孩子的注意力，找到孩子的兴奋点，自然地将他从当下的情境中带离，让孩子忘记现在的情绪。例如，当孩子坚持要买不适合的玩具时，家长可以说："宝贝，这个小恐龙的尾巴是浅蓝色的，和你的小汽车的颜色一样，你的小汽车你记得放在哪里了吗？"当孩子需要关注和思考新的问题时，他就会转移注意力，更容易放下原来的执着。等孩子冷静后，家长可以用读绘本、讲故事、做游戏等其他方式进行引导。

体验"自我"，感受自然后果

生活中，要多给孩子自主决定的机会，如让他自己选择外出穿的衣服、自己穿脱衣服、自己选择图书和玩具等。这些不会影响孩子的安全和健康的事情，都可以让他自己决定，无论他选得好坏都没关系。这些小小的"自由"，能让孩子对生活有控制感，充分体验"自我"，锻炼独立性。如果孩子有些选择不够理智，导致结果没做好或犯了错，只要错误不至于让孩子受到伤害，家长无须过多批评，要允许孩子体验和承受他的行为带来的后果。切身体验是最好的说客。孩子会从不断的尝试中，逐渐学会解决问题并得到成长。

巧用激将法，示弱求合作

如果敏感期的孩子有一定的竞争意识，在他唱反调时，家长可以灵活使用"比一比"或"正话反说"的方式来应对。例如，对不睡觉的孩子说："爸爸认为你做不到 3 分钟闭着眼睛不说话，现在开始计时。"跟乱扔玩具不收拾的孩子说："我们玩个游戏，把玩具放回箱子里，妈妈肯定比你放得快，怎么样？"孩子受到竞争意识的刺激，就忘了自己的坚持，跟着父母的意志走了。

还有一种方法，就是父母主动示弱，寻求孩子的合作和帮助。例如，当孩子站在高台不愿意下来时，妈妈可以说："你站得太高了，妈妈担心得心脏都要蹦出来了，我知道你很勇敢，但妈妈需要你帮助平复心脏，请赶紧下来抱抱妈妈。”孩子出于保护妈妈的同理心，自然就下来了。也可将孩子当作特别的合作伙伴，邀请他一起配合。“一会儿音乐响起来时，所有的人都要安静，宝宝做监督员，看谁说话了。”邀请孩子参与到一些简单的任务中，提升他的价值感，借此及时化解“唱反调”。

家长态度温和，原则清晰

“执拗敏感期”的孩子很容易做事偏激，这时家长可以理解和接纳孩子的情绪，但不能听之任之，在孩子哭闹面前让步。3 岁的孩子还处在立规矩的黄金时期，家长要坚持自己的立场，语气温和、态度坚定地拒绝孩子，告诉他什么事可以做，什么事不可以做，培养规则意识。

重点回顾

3 岁的孩子进入“执拗敏感期”，典型的表现是“重来一次”“我说了算”“按我说的做”“按我想的做”，常常不听父母的话，甚至故意和家长作对。家长要理解这并非任性胡闹，而是孩子身心发展的必经阶段。要理解和接纳他的情绪，帮助他学会如何正确地表达。对他合理的非原则性需求，尽可能予以实现和满足；对他的非原则性要求，家长要学会一些小技巧，如通过转移注意力、提供有限选择、看到需求、运用激将法等引导孩子做出改变。在孩子做事情偏激时，家长要坚持原则，温和而坚定地跟他讲清楚为什么不让做，培养孩子的规则意识。为预防孩子“唱反调”，还可在家庭中给孩子更多自主决定的机会，让他做自己日常生活的大多数决定，从而让他获得掌控感，以此来培养他的自主能力。

孩子总问“为什么”，都要回答吗？

典型情景

仕仕，快4岁了，每天都有“十万个为什么”：“为什么水是没有颜色的？”“为什么每天都要睡觉？”“为什么爸爸有胡子？”“为什么要去幼儿园？”“为什么树长叶子人不长叶子？”……奇怪的问题一箩筐，而且他还要打破砂锅问到底。

频繁遭遇孩子“为什么”的轰炸，爸爸妈妈高度紧张，很多问题回答不了，不好好回答又怕影响孩子好奇心的发展，是这样的吗？

对照判断

面对孩子频繁地问“为什么”，你会有以下表现吗？

表现	判断
❶ 有时间的时候认真回答，没时间的时候敷衍了事。	□
❷ 认为孩子问的算不上问题，随口回应一句了事：“就是这样啊，没有为什么。”	□
❸ 奇怪的问题根本找不到正确答案：“我也不知道啊！”	□
❹ 不堪其扰，装作听不见孩子的追问，忽视逃避。	□
❺ 对孩子反复提问感到厌烦：“你为什么这么多问题啊！”	□
❻ 觉得孩子是故意捣乱，难掩暴躁：“不许再问了！”	□

如果你勾选了上述选项，还不知道如何应对孩子的“为什么”，请继续阅读以下内容。

关键知识

3 岁左右是孩子大脑迅速发展时期，负责逻辑的左脑开始发育，越来越多地得到调动，他们无法压抑对未知世界的好奇，只能通过不停发问获得答案，然后再继续下一个提问来拉近自己与世界的距离。所以，当孩子开始问为什么时，这表明他们从关注自身更多转向了关注和探索外部世界，这是孩子开动脑筋、独立思考和锻炼逻辑思维的信号。通过提问题，孩子的观察力、想象力、创造力在悄悄萌芽。这种方式不仅可以促进孩子语言与智力的发展、增强认知，还可以帮助孩子了解和适应环境，增强孩子的安全感。家长要认真对待孩子的“十万个为什么”，不能被难住，但也不要敷衍了事。

建议方法

面对有“十万个为什么”的宝宝，家长可以尝试以下方法。

简单直接回答问题

当孩子问为什么的时候，尽量简单地来回答孩子的问题。毕竟孩子的认知是有限的，他们不需要探究问题背后全部的影响因素。过于复杂的道理会让他们听不明白，过于烦琐的解释会让他们感觉难以理解而失去提问的兴趣。

建议家长简单直白地回答，满足孩子的好奇心即可。比如孩子问“为什么鱼在水里游”，直接告诉孩子鱼没有长鼻子，用鳃呼吸，所以在水里游。家长不用长篇大论，给孩子讲解鱼怎么用鳃呼吸等，等孩子有兴趣了自然会接着问下去。

呵护孩子的好奇心

要肯定和鼓励孩子的提问，从态度上支持孩子探索世界的求知欲和好奇心，“哇，你对这个感兴趣啊”，然后用可能的方法帮助找到必要的答案，让孩子继续思考。

例如，孩子问“为什么树长叶子而人不长叶子”，可以告诉孩子“树不吃饭，用太阳发出的光进行光合作用生长，人要吃饭才能长大”。如果孩子接着问光合作用，就和他一起翻阅书籍或上网查询，引导孩子获得找寻问题的方法，呵护他的好奇心。

家长不要用大人的想法约束孩子的想象力，不要因为工作忙而欺骗孩子，更不要轻易对孩子的提问做负面评判。当不能正确回答孩子的问题时，要向孩子说清楚：“你提了个好问题，我一下子回答不出来，我们可以一起来找答案。”或者更积极地回应孩子：“你是个爱动脑筋的好孩子，把爸爸都问住了呢！”以此来鼓励孩子更积极地动脑，以免打击他的自信心。

引导孩子主动思考

孩子问为什么的时候，其实是培养孩子思考习惯的绝佳时机。在这个过程中，家长可以多用反问句启发孩子，鼓励他自己找到答案。如，可以用启发的方式反问孩子：“关于这个，你的想法是什么？”“你认为可能是什么原因呢？”“如果不这样，可能会是什么结果？”如，当孩子问为什么鱼在水里游时，家长可以反问：“你认为可能的原因是什么呢？”孩子可能发现了鱼没有脚等现象，从而进一步引发对鱼与人的有趣对比。这样能引导孩子深入思考，与家长展开有趣的讨论。

陪伴孩子的时候，让他寻找答案的过程比答案本身更有意义，在可能的情况下，家长不要着急给出答案，而是要更多地向孩子提供信息，鼓励和陪伴他自己去探索和寻找。

把找答案变成学习过程

孩子提的问题千奇百怪，遇到无法回答的，我们不要不懂装懂，可以坦诚地跟孩子说不知道，引导他共同寻找答案。其实孩子的“十万个为什么”并不需要“十万个正确答案”，当家长承认自己不知道，带着孩子一起寻找答案的时候，在一定程度上会激发孩子的学习积极性。孩子寻找答案的过程，不仅让亲子关系变得更加亲密，也会给他以后的学习留下更深刻的印象。家长这种诚实谦虚的态度和探索求知的动力对孩子潜移默化的影响更大。

利用孩子的“泛灵心理”回答

瑞士心理学家皮亚杰认为，幼儿时期特别是 3 ～ 4 岁的孩子普遍存在“泛灵心理”，把一切东西都视为有生命、有思想感情和活动能力的。家长可以利用孩子这种特殊的心理现象，用拟人化的回答让孩子更加容易理解。如，孩子问：“为什么天黑就看不到太阳了？”家长可以回答：“太阳公公工作了一天，非常累，它回家睡觉啦。”

孩子的认知有限，泛灵化的解释更接近孩子的日常生活，比回答 100 遍准确答案更容易让孩子接受。6 岁之后，孩子的“泛灵心理”逐步消失，就不能用这种拟人化的方法了。

重点回顾

在孩子 3 ～ 4 岁甚至幼儿时期，喜欢问为什么，这是正常成长阶段的必然，也是孩子心智逐渐发育完全的体现。面对孩子的“十万个为什么”，家长的耐心引导非常关键。家长可简单直白地进行回答，呵护孩子的好奇心，引发其主动思考即可。对于一下子无从回答的问题，家长也不要敷衍搪塞，而是要实事求是地给孩子说明，带着孩子寻找答案，或者利用“泛灵心理”予以拟人化回答。孩子对家长的态度极为敏感，这个时期家长的回答和陪伴，是对孩子有效的启发和教育，能有效促进孩子大脑和思维的发展。

促进孩子学习与交往

随着一天天长大，3 岁的孩子身体和能力都有了全面提升，他开始离开单一的家庭环境走进幼儿园。在这个关键时期，如何发现并培养孩子的兴趣？如何引导培养诚实礼貌的好品格？又如何有效促进同伴交往与互动，帮助孩子克服入园焦虑，更好地适应幼儿园新生活呢？让我们一起走进 3 ～ 4 岁孩子的学习与交往主题。

如何发现和培养孩子的兴趣？

典型情景

美美，3 岁。看到别的家长给孩子报了很多兴趣班，有绘画、声乐、游泳，还有英语和思维课等，美美的妈妈很是着急。美美的“兴趣”很不稳定。一会儿吵着要画画，让妈妈给她买画笔、画纸，她涂鸦了两天，再也不过问了；一会儿喊着要听故事，在妈妈买了一堆绘本后，结果不到一星期，她怎么也不听了；一会儿又嚷着要学跳舞，于是妈妈花了几千元给她报了舞蹈班，美美刚去了三天，说不好玩又不去了。妈妈对此感到很头疼，美美的兴趣到底是什么呢？

对照判断

看一看，你的孩子有下列表现吗？

表现	判断
❶ 对某一类事物特别关注，例如特别喜欢听家长讲故事、读绘本。	□
❷ 对涂写和画画着迷，拿起画笔就不停地去“创作”，还绘声绘色地给大人讲他的杰作。	□
❸ 对家长安排的事情不感兴趣，却特别喜欢看邻居老爷爷下棋。	□
❹ 喜欢看蚂蚁搬家、小猫追逐，看起来拉都拉不走。	□
❺ 孩子对数字特别敏感，到哪儿都先数数多少个。	□

你认为上面的描述是孩子对某一事物感兴趣的萌芽吗？你是如何处理的？

表现	判断
❶ 对孩子跟学科相关的兴趣理解、支持，通过各种途径强化，而对孩子的其他兴趣视而不见。	☐
❷ 跟着孩子的兴趣来，孩子对什么感兴趣就培养什么。	☐
❸ 培养兴趣是为学习服务，将“语数外”启蒙当作兴趣培养。	☐
❹ 坚信兴趣是培养出来的，不管孩子喜不喜欢，都让他坚持学下去。	☐
❺ 邻居家孩子对小动物感兴趣，并考上了理想大学，于是也培养自家孩子对动物的兴趣。	☐

如果你勾选了上述选项，请你阅读以下跟孩子兴趣相关的资料。

关键知识

3 岁的孩子好奇心强，模仿能力强，对新事物、新问题有浓厚兴趣，喜欢尝试做不同的事情，看到别的小朋友做一件事，他也想参与，容易表现出今天喜欢这个、明天喜欢那个、看人学样儿、兴趣不稳定的特征。所以，发现和培养 3 岁孩子的兴趣并不是一件容易的事，家长要在日常生活中善于观察孩子的行为和反应，看他喜欢什么，喜欢做什么，跟着孩子的喜好提供更多的玩具和工具。同时，鼓励孩子接触和尝试新事物，对孩子的兴趣予以积极反馈，善于发现孩子的优势智能，尊重个体特点和差异。对孩子取得的进步和成就，要善于鼓励和赞扬，并在初期尽量参与孩子的兴趣活动，帮他拓展兴趣范围，激发兴趣热情。孩子的兴趣是一种非常宝贵的资源，一定要善待和保护，对这个年龄段的孩子，千万不要强迫他做不喜欢的事情。

建议方法

耐心陪伴探索，不错失良机

当孩子对某一事物感兴趣时，他会以极大的勤奋和专注投入其中，他潜在的能力就有机会被发挥出来。家长要留心观察和发现孩子对哪些事情投入较大的关注，陪伴孩子去探索，发现孩子的兴趣。

❶ 家长要多与孩子交流，倾听他谈自己感兴趣的事。

❷ 创建多样的尝试环境，发现并支持孩子的兴趣发展。如在家提供安静的阅读环境，给孩子读书讲故事，培养阅读兴趣；提供参与音乐和舞蹈活动的机会，丰富孩子对音乐的感受和体验，培养艺术兴趣；提供望远镜、显微镜等科学探索工具，与孩子一起观察和做实验，培养科学兴趣等。

❸ 提供丰富的游戏，观察孩子在游戏中的表现。如果孩子热衷于某件事情且持续时间较长，可以帮他去拓展和巩固，也许那就是孩子的兴趣爱好。家长要根据孩子的体能、生活规律和适应能力等具体情况，与孩子一起交流、玩耍、参与活动等，在其中发现孩子感兴趣的事情并有意培养。

拓展兴趣广度，不急着早定向

3 岁的孩子非常容易对事物产生兴趣，但对事物的兴趣是有限和变化的，能很快从一件事物转移到其他事物上。当家长发现孩子对某一事物感兴趣时，不要太早寄予厚望或过度开发，太大的压力很容易让孩子失去兴趣，甚至产生反感和厌恶心理。家长要呵护孩子的兴趣，寓教于乐，利用生活中的事情让孩子感受到兴趣带来的乐趣和成就感。如孩子喜欢唱歌且愿意表演的话，可以在朋友聚会时让他来上一曲，既锻炼胆量，又能在大家的赞赏下提高他的兴趣。家长还要根据孩子的兴趣扩展广度，如引导爱唱歌的孩子认识钢琴、小提琴等乐器，秉持开放心态，避免过早地匆忙定向。

重因材施教，重孩子选择

每一个孩子都有独立的思想和行为，都是独一无二的，都有对外部世界与生俱来的探究和学习愿望。但是，由于个体差异，孩子的兴趣千差万别，家长要在观察的基础上因材施教，支持孩子发展自己的兴趣。如果确定了孩子的兴趣发展方向，希望通过报班等方式加强培养，家长最好带孩子多体验几次，然后征求孩子的意见，不要把家长的兴趣强加给孩子，也不要忽视孩子暂时未展现的潜能，要避免给孩子贴上“不善表达、没有绘画天分”等标签，以免对孩子造成负向暗示。如果找准了孩子感兴趣的事情，让他体验到参与的成功与乐趣，他会有足够的动力去发展自己的兴趣。

遵循发展规律，不揠苗助长

有些家长会按照社会既定的模式去设计孩子的未来，并把孩子的兴趣与学校的学习联系起来。3 岁的孩子还处在感性学习为主的时期，家长要遵循孩子的发展规律，充分保护孩子的大脑发育和思维发展空间，注重孩子的全面发展，而不要把注意力都放在听、算、写等理性教育培养上。如果过早发展学科类的教育，则孩子的情感、语感和动感就可能被忽视或压制，对身心健康产生负面影响。需要注意的是，学习能力是孩子生活中自然的必备能力，家长不要提前透支，揠苗助长。如果孩子真心喜欢学科类的学习，也不妨让他尝试接触，但请不要作为首要目标去发展，要多多注重孩子的感性学习和兴趣培养。

重点回顾

3 岁的孩子模仿能力、好奇心强，兴趣不稳定是一种正常现象。家长要本着让儿童“自主游戏”的意识，陪伴孩子自发性、自主性、体验性和非功利性地投入到游戏中，从而观察和捕捉孩子的优势和兴趣点。可以多给孩子提供接触新事物的机会，陪孩子参加各种尝试和探索，和他一起更好地了解和发现自己。如果发现孩子对某些事情的兴趣持久度高，可以鼓励他更多地探索这个领域，但不要急于给孩子定位。要尊重孩子的选择，不把家长的兴趣强加在孩子身上，更不要跟风报各种兴趣班，而是尊重孩子的发展规律，用更多游戏快乐陪伴孩子成长，逐步发掘和发展孩子真实的兴趣。

如何教孩子懂礼貌？

典型情景

苗苗，3岁。这天家中来了客人，妈妈正在热情招待，苗苗突然走上前把妈妈拉走，并对客人说："你为什么来我们家呢？这是我们家，不欢迎你。"妈妈连忙制止并跟客人解释和致歉。苗苗却继续不依不饶："你都没有给我带玩具，我才不喜欢你来呢。"有时出去玩，遇到叔叔阿姨要打招呼时，苗苗也常常一脸不屑："这不是我的阿姨，我不喊她。"妈妈感到很尴尬，苗苗这么没有礼貌，怎么教她呢？

对照判断

看一看，你家孩子有没有下面的行为表现？

表现	判断
❶ 家里来客人从不打招呼，无论怎么提醒他说"对不起"和"谢谢"等礼貌用语，他都不肯说。	□
❷ 大人说话时总插嘴，经常突然打断家长之间或家长与客人的谈话。	□
❸ 语出惊人，时常顶撞家长甚至爷爷奶奶等长辈，说话很随意。	□
❹ 外出与小朋友玩时，对他人爱理不理，玩游戏拒绝排队，所有事情都要按自己的意愿来。	□
❺ 在公共场合大声吵闹，不顾他人的提醒和劝告，爸爸妈妈也毫无办法。	□
❻ 不顾及场合直接表达自己的愿望和需要，例如跟他人索要礼物或物品。	□

如果你家孩子有上述表现，则需要加强孩子的礼貌教育，你要了解以下内容。

关键知识

3 岁孩子处在学习过程中，如果出现不懂礼貌的行为，家长首先要反思自己，日常生活中是否注意礼貌用语和礼貌行为；如果家长都是礼貌待人的，就要反思孩子是否弄明白礼貌是什么意思了。曾有一个 3 岁的男孩被妈妈屡次批评没礼貌后，有一天突然反问妈妈：到底什么是礼貌呀？妈妈才明白，一个 3 岁的孩子对于抽象的礼貌是不理解的，他可能只是在表达自己的意思，而根本没有意识到他的行为是不礼貌的。因此，要让 3 岁的孩子懂礼貌，首先要给他讲明白礼貌是什么，为什么要讲礼貌，并在生活中以身作则，给孩子创造条件，让孩子自觉去做，习惯成自然。

建议方法

引导孩子成为懂礼貌的好孩子，家长可以参考以下做法。

言传身教，以身作则

家长要做到以身作则，给孩子做良好示范。例如，孝敬家中长辈，主动问候和关心亲人；与人交谈时使用礼貌用语，不说脏话；在公共场合能够行为得体，遵守法规和公共道德等。在与孩子交流时，也要尊重孩子，经常对孩子说“请”和“谢谢”。这样孩子就能明白礼貌用语是日常交流的一部分，就能通过观察和模仿大人习得礼貌和礼仪。

角色扮演，刻意练习

礼貌是一种习惯，是要通过不断练习才能养成的。在孩子理解了什么是有礼貌的语言和表现后，家长可以陪伴孩子从日常生活的点点滴滴入手，慢慢养成其讲礼貌的好习惯。角色扮演是非常好的方式。家长可以结合生活中的社交情景、具体的交往礼仪细节与孩子进行角色扮演，例如遵守公共秩序、为他人提供帮助、聆听他人发言不插话以及玩游戏轮流进行等。通过角色扮演，孩子能够体验交流双方的感受和想法，在多次重复的基础上，习惯成自然，将礼貌、礼仪内化为自己的行为方式。

鼓励肯定，及时强化

当孩子做出有礼貌的行为时，家长要及时肯定和鼓励，将孩子偶然的礼貌行为正向强化。请运用清晰具体的鼓励方式，帮助孩子明确自己的优良表现。例如：“你认真听妈妈和奶奶交谈完，才说自己的事，没有打断我们，这就是有礼貌的表现。”对于有不礼貌行为和习惯的孩子来说，鼓励尤为重要，家长需要及时正向强化，帮助孩子学会适宜的礼貌行为。

温和坚定，及时修正

家长不要一味批评孩子不礼貌，要意识到这可能并不是孩子一个人的问题，而是环境作用的结果，例如长辈过于宠爱，或成人有不礼貌的示范。在改善家庭和社交环境的同时，家长要积极帮助孩子修正失当的行为。首先，识别孩子是否因不善表达或词不达意造成无意的不礼貌行为。其次，就具体的行为与孩子耐心沟通，并与孩子共同探索更显礼貌的代替方式，进行刻意练习，帮助孩子形成新的习惯。

接纳差异，静待花开

孩子的气质、性格各有不同。有的孩子相对内向或个性较强，在待人接物方面不热情，例如不愿意和人打招呼，拒绝说“对不起”和“谢谢”等礼貌用语。如果家长催促或强迫孩子表达，很可能适得其反，甚至会引起强烈的抵触情绪。家长要看到孩子的独特性，不要给孩子贴上“没礼貌”的标签，要带着耐心和信任，以自己的言行潜移默化去影响孩子，等待孩子从家庭中积累经验和力量，逐渐有勇气主动开口。

重点回顾

讲礼貌是人类的美德，从小培养孩子懂礼貌非常重要。3岁的孩子还不能完全理解礼貌的含义，对很多言语也一知半解，但“近朱者赤，近墨者黑”，平时家长要率先垂范，在孩子面前多使用“请”“谢谢”等礼貌用语，对待他人、长辈讲礼貌，做孩子礼貌学习的榜样。当孩子有不礼貌的行为时，要温和而坚定地修正他的行为，并通过体验让他理解礼貌是什么，懂得不讲礼貌会带给别人伤害，同时努力营造良好的环境，让孩子得到文明礼仪的熏陶，帮助孩子养成讲礼貌的好习惯。

孩子毫无耐性正常吗？

典型情景

杰杰，3岁多了，是个典型的“急性子”，拼图拼一两分钟就不耐烦了，一转身推起了小汽车。妈妈给他读绘本，一页还没读完，他就把书夺过去自己乱翻……妈妈用足耐心来陪他，反复提醒他要坚持做一件事儿，但不论做什么，他的注意力很快就跑到别的事情上去了。杰杰这种三分钟热度的样子，肯定会影响以后的学习成绩，妈妈特别担心，该怎么办呢？

对照判断

看一看，你的孩子有以下行为和反应吗？

表现	判断
❶ 玩玩具或做游戏时坚持不了几分钟就会去做其他事情。	□
❷ 无法安静和专注地做一件事，经常一边听着大人讲绘本，一边又要画画。	□
❸ 搭积木或画画时，只要听到旁边有动静，就放弃自己的事而去关注旁边的动静。	□
❹ 在大人说话时等不及要打断，必须第一时间表达自己，否则就哭闹发脾气。	□

面对孩子上述毫无耐性的表现，你是怎么做的呢？

表现	判断
❶ 帮孩子安排好游戏或活动，强硬地让孩子坚持来培养耐性。	□
❷ 不断给孩子讲关于耐心的故事和道理，孩子却无动于衷。	□
❸ 给孩子规定做事的时间，锻炼他每次坚持 20 分钟以上，达不到就狠狠批评他。	□
❹ 觉得孩子还小，没耐性也正常，上学了有老师教，可能就好了。	□

如果你勾选了上述选项，说明你还不明白如何培养孩子的耐性，请你耐心阅读以下内容。

关键知识

所谓耐性，其实就是孩子的注意力能否持久的问题。注意分为有意注意和无意注意，2 岁的孩子开始形成有意注意，3 岁孩子的有意注意时间越来越长，有意注意稳定的持续时间越长，孩子的耐性越持久。一般在良好的教育环境下，3 岁孩子能集中注意力 3 ~ 5 分钟，但是在游戏条件下，他的注意力持续时间能达到 20 分钟甚至更久。所以，孩子的兴趣对注意力的影响极大。

孩子耐性不足，做事只有三分钟热度，一方面与 3 岁孩子的发展特点有关，因为 3 岁尚未到注意力特别持久的年龄；另一方面可能和环境、家长的教养方式有关，如家长没有给孩子创造培养注意力的环境，在孩子专注做某事时经常打扰他等，就很容易造成孩子注意力不持久，即缺乏耐性。所以，注意力或耐性培养既与年龄特征有关，也与家长的有意培养有关。

建议方法

培养孩子的耐性，家长可以参考以下方法。

尊重规律，科学理解注意力

家长担心孩子毫无耐性，部分原因是对儿童注意力特点缺乏了解。儿童的有意注意有一个从不成熟到成熟的发展过程：3 岁的孩子注意力呈现比较发散的状态，注意的时间比较短暂，能集中注意力 3 ～ 5 分钟，但孩子的注意力会随着年龄增长而逐渐增加时长，5 ～ 6 岁时，能集中注意力 15 分钟左右。家长要理解孩子的个性差异和注意力发展特点，不可将成人的标准套用在孩子身上，在孩子的注意力没达到预期时生气，徒增自己和孩子的烦恼。

减少干扰，用心培养注意力

幼年是培养注意力较好的年龄阶段。首先，家长可以为孩子提供简单整洁的生活环境，避免颜色和物品杂乱影响孩子的注意力。其次，当孩子聚精会神地玩游戏或沉浸于阅读时，家长要尽量避免打断孩子，特别是不要给饮料和牛奶等，以保持孩子的思维连贯性。此外，要让孩子养成“只做一件事”的好习惯，切勿放任孩子一边吃饭一边玩游戏，一边吃饭一边看电视等，“一心二用”会引起注意力分散。最后，注意不要给孩子买太多的玩具，玩具太多会影响孩子的注意力发展，美国某著名大学学者关于儿童行为的研究结果表明，儿童主要的昂贵玩具数量控制在 5 个以内即可。

难易适度，培养孩子自信心

家长给孩子的玩具或阅读资料，要适合孩子的发展基础。太难，容易挫伤孩子的自信心，让他们主动放弃、半途而废；太容易，引不起孩子的兴趣。家长要经常观察孩子，及时共情和鼓励孩子，提供难易适度的玩具或资料，与孩子共同游戏或将较难的任务拆解为容易达成的子任务，帮助孩子及时完成任务，取得成功，培养孩子的自信心。当孩子经常尝到成功的喜悦，自信心较足时，他更容易保持耐性，从而努力完成自己的任务。

提供选择，激发兴趣内驱力

3 岁的孩子有了自我意识，更愿意按照自己的意愿来行动。家长如果让孩子自行选择感兴趣的游戏或玩具，孩子自然可以维持更长的专注力和耐性。同时，家长要细心观察，为孩子买玩具时尽量挑他感兴趣的，这不仅有助于培养孩子的兴趣，更能通过内驱力培养耐性和专注力，可谓一举两得。

重点回顾

3 岁是帮助孩子发展注意力的启蒙年龄，家长在了解孩子注意力发展规律的基础上，要在日常生活中注意保护和培养孩子的专注力。在孩子专心玩游戏或做事时，不干扰，不打断，让孩子养成一次只做一件事的习惯。同时，家长可以通过陪伴游戏、拆解任务以增强孩子成功的感受，培养长期坚持、持续做一件事的耐力等方式，提高孩子的耐性和专注力。当孩子耐性不足时，家长首先要反思自己的行为是否存在“打断”和鼓励“一心二用”等情况，并及时纠正。

如何帮孩子克服入园焦虑？

典型情景

米米，3岁8个月。9月份一开学，米米跟其他小朋友一样，被妈妈送到了附近的幼儿园。米米刚开始还挺高兴，后来她发现在幼儿园一天都见不到妈妈，于是从第二天开始，米米怎么都不愿意去幼儿园了。每天妈妈好不容易连哄带骗地把米米送去幼儿园，可是一到幼儿园门口，米米就哇哇大哭，只能让老师强行领进去。在幼儿园，米米一整天都蔫蔫的，每天午睡醒来都哭着要回家。像米米这么严重的入园焦虑问题，有解决办法吗？

对照判断

看一看，你的孩子在刚上幼儿园时，有下面这些反应和表现吗？

表现	判断
❶ 早晨不起床，一起来就闹情绪，明确表示“我不想上幼儿园”。	☐
❷ 找各种理由拒绝入园，例如说身体不舒服，肚子疼、头疼。	☐
❸ 拒绝谈论有关幼儿园的人或事，被询问时表现焦躁或回避不答。	☐
❹ 性情有些变化，到了入睡时间不想睡觉，夜里睡不踏实。	☐

面对孩子的入园焦虑，你是如何做的呢？

表现	判断
❶ 不顾孩子的情绪，或给孩子讲道理：“每个人都要上幼儿园，你也应该去。”	□
❷ 口头答应孩子不去幼儿园，带孩子到幼儿园门口后偷偷离开。	□
❸ 送孩子进入幼儿园，自己却依依不舍、担心至极，甚至眼泪汪汪。	□
❹ 孩子放学回家后对其询问不停，担心孩子在幼儿园有受委屈或者不适应的情况。	□
❺ 心疼孩子，听孩子说不想去幼儿园就不送他去了，想着家里也有人照看。	□
❻ 在孩子面前讨论幼儿园，表现出对幼儿园的怀疑或不满。	□

如果你勾选了上述行为，说明你对孩子入园没有做好准备，也未能妥善应对入园焦虑。请你继续阅读以下内容。

关键知识

孩子在生长发育过程中，会与经常照顾他的成年人形成依恋关系。在孩子形成稳定的依恋关系后，他一旦离开经常照顾他的亲人，会产生不安全感和恐慌、焦虑等情绪。刚进入幼儿园的孩子，处在开始跟经常照顾他的亲人分离的状态。正常的依恋关系被打破，加上部分孩子自理能力不够产生的无助感，很容易导致孩子不适应幼儿园生活而产生分离焦虑。这个阶段，在焦虑情绪的驱使下，孩子哭闹、说谎都是正常的表现，有的孩子还会出现生病、生活行为倒退等现象。统计表明，我国80% 的孩子在初入幼儿园时都有不同程度的分离焦虑，一般这种焦虑会持续一周到一个月。家长要正确面对孩子的分离焦虑，提前帮孩子做好入园准备，加强与幼儿园教师的沟通，根据孩子的情况采取适当的方法和策略。

建议方法

为帮助孩子顺利克服入园焦虑，家长可参考以下方法。

提前做好准备，加快入园适应

从家庭生活过渡到幼儿园生活，这对于孩子来说是一个非常大的转变。家长要了解幼儿园的生活模式，提前三个月到半年开始为孩子适应幼儿园生活做准备。包括培养孩子独立进餐的能力、自己用杯子喝水的能力、如厕后自己洗手的能力、不同环境下大小便的能力、敢于且会表达需求的能力以及尽量不挑食的习惯、独立入睡的习惯、独立玩耍和阅读的习惯等。让孩子的能力与幼儿园生活相匹配，可以减少孩子入园后遇到的障碍和困难，满足孩子的自豪感和成就感。孩子在幼儿园适应性强，身心愉悦，就会减少焦虑。

提前做好家长心理建设，理解和共情孩子的感受

很多家长因担心孩子在幼儿园不适应而焦虑不安，这种家长“入园焦虑”的情绪会感染孩子，带给孩子负面影响，继而产生更大的分离焦虑。因此，家长要提前做好自我心理建设，及时调整自己的心态，理解入园适应需要一个过程，相信孩子有能力适应幼儿园。当孩子面对全新的环境，表现出程度不同的紧张、害怕、无助或焦虑情绪时，家长要表达对孩子感受的理解，也可以适当地帮孩子表达出来：“面对老师和那么多不认识的小朋友，你会感到紧张或害怕吧？你想要妈妈陪在你身边，这很正常，你们班每一个小朋友都有和你一样的感觉呢。”孩子得到了理解和共情，情绪会适度释放，有利于尽快度过“焦虑期”。

创造轻松入园氛围，增强入园仪式感

当家长以轻松愉快的心情和语调谈论幼儿园，孩子也会感受到轻松，更

能从积极的视角去看待幼儿园的生活。比如，爸爸妈妈可以谈论自己小时候的幼儿园生活，表达对孩子上幼儿园的羡慕。通过启发式提问和专注倾听，鼓励孩子分享幼儿园里的开心事，介绍新认识的好朋友，帮助孩子逐渐感受到上幼儿园是件正常又充满乐趣的事情。同时，向孩子解释去幼儿园是长大的标志，温和坚定地每天送孩子去幼儿园，可以跟孩子约定一个固定的道别和迎接方式，作为仪式坚持下来。例如，分别的时候，和孩子互相亲吻脸颊说再见，放学见面时拥抱或说句“接头暗号”。

如果幼儿园允许，可以带一个孩子喜欢的小物件，作为“过渡性客体”，代替家长陪在孩子身边；或者，亲吻孩子的掌心，告诉他爸爸妈妈的“魔法亲亲”会陪着他。保持与孩子的亲昵和仪式感，能够有效帮助孩子释放情感，补充能量。

调整家庭生活，保持与幼儿园一致的作息和日常活动

入园适应的过程中，帮助孩子保持家庭与幼儿园生活作息的一致性，可以有效缓解入园焦虑，以及因周末、节假日造成的反复入园困难。家长可以细致了解幼儿园的日常安排，保证孩子能够按照幼儿园的节奏在家生活；还可以创造机会让孩子像在幼儿园那样，锻炼自己的自主能力，例如，独自完成如厕、喝水、穿脱衣袜等动作，或者在固定的时间安静午睡等。有规律和一致的生活能够带给孩子更多的安全感，从而降低紧张焦虑的情绪，更加顺利地融入幼儿园。

认识发展规律，谨防严重问题

几乎所有的孩子都会产生入园焦虑，经由家长、老师耐心陪伴和孩子适应，有的几天就能缓解，有的需要一两个星期，大部分孩子 1 个月左右能够缓解。如果孩子的焦虑时间过长，过了 2 个月情况依然没有改善，甚至出现了恶心、腹痛等身体症状，则显示孩子可能有较严重的分离焦虑，这时需要

家长谨慎对待，必要时带孩子就医，寻求专业帮助。

重点回顾

入园焦虑是孩子上幼儿园的正常心理反应，家长不必过分担心，要了解分离焦虑的原因和特点，尽量提前 3 ～ 6 个月进行幼儿园生活和学习能力的强化与锻炼，减少孩子在幼儿园的压力。同时在入园前，认识到孩子需要 2 周到 1 个月的入园适应期，据此做好自我心理建设，理解和共情孩子的感受，与孩子共同建立入园意识。另外，要保持和幼儿园相对一致的作息规律，与孩子沟通幼儿园美好的事情，缓解孩子紧张焦虑的情绪，让孩子逐步适应幼儿园。如果孩子 2 个月以上仍然不适应，甚至出现身体症状，家长要及时寻求专业人士帮助。

如何帮孩子和幼儿园小朋友玩到一起？

典型情景

图图，3岁，上幼儿园快半年了。老师告诉妈妈，图图在幼儿园和其他小朋友总玩不到一起。他明明很想和别人一起搭积木，又不敢主动去交流，于是老师带图图去寻找玩伴，好不容易玩起来了，一会儿他就和小朋友产生了矛盾，哭哭唧唧起来。老师说，图图在交朋友上遇到困难了，需要家庭一起帮助教育，该怎么办呢？

对照判断

看一看，你的孩子出现过以下情形吗？

表现	判断
❶孩子上了各种兴趣班，出门玩耍的时间少，没有熟悉的小伙伴。	□
❷在孩子与其他小朋友玩耍时，家长经常护在身边，以防发生冲突。	□
❸孩子与小伙伴经常发生争吵、争抢等冲突，被伙伴和其家长投诉。	□
❹孩子总是让小伙伴按他的指令或意愿行事，因此被他人排斥。	□
❺孩子带幼儿园小朋友到家里玩，被家长嫌弃太吵，孩子很不高兴。	□
❻孩子想带吃的、玩的去幼儿园，总被家长毫无理由地制止。	□

如果你勾选了以上选项，请你关注孩子的交朋友问题并继续阅读以下内容。

关键知识

3 岁的孩子进入了游戏发展的“联合游戏阶段”，对社会交往已经有明显甚至强烈的需求，由原来平行游戏、对物品感兴趣转为对人感兴趣，尤其是对同龄小朋友感兴趣，孩子很希望交到一些好朋友。但是，这个年龄段的孩子情绪波动比较大，特别是进入幼儿园这样的新环境后，本身就需要熟悉幼儿园的环境和生活，还要熟悉幼儿园的新朋友，在压力过大的情况下，一不如意就想哭甚至大哭是正常现象。如果进入幼儿园半年后孩子还不能很好地与小朋友相处，家长需要予以更多关注，要多跟幼儿园老师沟通，多创造环境让孩子与幼儿园小朋友交往，或带孩子出去玩等，接触各种玩伴，让孩子在玩耍中学会交往，熟悉和锻炼交往能力。

建议方法

如何促进孩子与幼儿园小朋友交往，以下几个方法供家长参考。

理解交往内涵，家长做好示范

孩子的社会交往不是简单地与小朋友玩耍，它包括情绪控制、礼仪礼貌、遵守规则、言语和行为方式等，是孩子综合能力的一种体现。3 岁的孩子如果一开始交往能力没有达到家长的期望值，家长不要着急，要理解孩子是通过模仿来习得技能和发展品格的。家长作为孩子的主要模仿对象，言谈举止、待人接物的方式对孩子有着重要影响。如果家长性格开朗外向、乐于交往，孩子耳濡目染，会自然而然地模仿家长的交往行为。因此，家长要身体力行，做好示范，为孩子树立乐于社交的好榜样。

创造交往环境，多做社交准备

处于“联合游戏阶段”的孩子，有了更强的模仿能力，会和同伴间相互模仿和交流，更加愿意和其他孩子沟通、交换玩具，尽管缺乏明确的目标和分工，但已经能够一起参与同一个活动。家长要为孩子创造社交环境，增加孩子与他人交往的机会。例如，邀请幼儿园或邻居小朋友来家中做客，让孩子感到家中的安全和放松，体会做小主人的优越感和主动性，积极参与到小朋友的活动中，感受交往的快乐；还可以去游乐场所，选择比较固定的伙伴，经常相约一起玩，让孩子学会和固定的伙伴相处和交往；在幼儿园允许的情况下，也可以在孩子上幼儿园时，携带一些小玩具、图书等，让孩子与其他小朋友分享，增加孩子交往的机会；家长还可以在家中与孩子玩游戏和角色扮演，就与同伴交往过程中可能发生的情形进行演练，帮助孩子掌握与人友好相处的规则，学会谦让和分享，提升交往的主动性和自信心。

倾听孩子心声，应对人际冲突

孩子在与新的小伙伴交往过程中，可能会感到压力大、紧张等情绪。这时家长要重视孩子的感受，鼓励孩子表达情绪并认真倾听，在倾听的过程中尽量不插话、不打断，避免直接给出建议或做出评判，等孩子表达完后，共情孩子的感受，和孩子一起头脑风暴，讨论如何面对和解决与小伙伴交往中出现的问题。孩子在被倾听的过程中，感受到被理解和尊重，会有力量面对自己的小困扰，家长的倾听也间接培养了孩子倾听他人讲话的良好修养，是培养孩子交往能力的一个重要方面。而当孩子和同伴发生矛盾时，家长不必过于紧张。正常的同伴互动中，冲突并不都是坏事。通过争吵，孩子们能够了解对方的想法、感受和愿望，尝试从他人的角度看待问题，并通过争辩、说服甚至妥协直至达成统一意见。所以，在确保人身安全的情况下，家长不妨带着欣赏的眼光，笑对孩子们的冲突，等待孩子们回复到和平状态。

多与老师沟通，帮孩子分析与解决问题

当老师告诉家长孩子在幼儿园没有好朋友时，家长不要只顾着急或责怪孩子，也不要简单抱怨幼儿园老师和其他孩子有问题。知道这个信息后，家长应加强与老师的沟通，帮助孩子找到交朋友问题背后的原因，然后与老师一起，根据孩子的性格特点和兴趣爱好，找到适合的交往对象和交友方式。例如，如果你的孩子天生比较害羞，你可以让老师帮他找一个比较温和的小朋友经常一起玩耍，通过重复和一个熟悉的人接触帮助孩子消除羞涩的感觉，而不是“逼着”孩子多接触不同的人。如果你的孩子因为爱打架而交不到朋友，家长就需要多方面找原因了，要看看自己是否有暴力对待孩子的行为，孩子是否经常看一些暴力画面或影片等，家长要尽量去除不良因素，让孩子感受父母更多的爱，逐步纠正孩子爱打架的行为，孩子变得平和后，就能交到好朋友了。

重点回顾

3 岁的孩子发展到“联合游戏阶段”，正处于社会交往意识萌芽阶段，他们社交经验的积累和技能的养成需要一个循序渐进的过程。家长要充分认识到孩子的自主性和社交能力培养的过程，通过做示范、创造良好交往环境、帮孩子做好社交准备等方式来发展孩子的社交能力。另外，家长要理解孩子的情绪，多跟幼儿园老师沟通，帮助孩子分析和解决问题，让孩子学会应对人际冲突等方法，做好必要的交往支持，鼓励孩子多与其他小朋友交往，提升同伴交往能力。孩子同伴交往能力增强了，在幼儿园里交朋友自然就没问题了。

第二章

4～5岁孩子

4岁孩子有着丰富的想象力又极具破坏性，既张狂又可爱，像一个充满气的皮球，动不动就发脾气。他喜欢说大话，经常模仿动画人物，对衣服开始挑剔；他有时还偷偷摸自己的生殖器，不断追问自己是从哪里来的，缠着大人给他买宠物自己却不照料；他熟悉了幼儿园生活，开始对数量有更多的兴趣……4岁的孩子到底有哪些发展特征？家长又该如何为他们提供更好的支持呢？让我们带着这些疑问，一起走进4～5岁孩子的世界！

认识孩子的发展特点

4 岁的孩子有了更强大的身体能动性，一天到晚有使不完的劲儿，喜欢一切新奇的事物，有着天马行空的想象力，学会了在朋友面前说大话，突然变得爱发脾气，突然变得爱美，有时还偷偷摸自己的生殖器……这些变化意味着什么呢？以下主题将展开描述 4 岁孩子的发展特点。

孩子一天到晚喜欢活动正常吗？

典型情景

东东，刚满 4 岁，精力特别充沛，每天都有使不完的劲儿。在户外的时候，又跑又跳，玩滑板车、滑滑梯、荡秋千、骑三轮车等；回家依然不停地玩拼插玩具，画画，拆装玩具。妈妈被折腾得精疲力竭，有时困得都睁不开眼了，还要被东东缠着一起表演故事，这正常吗？

对照判断

看一看，你的孩子有以下行为和反应吗？

表现	判断
❶ 在户外和小朋友玩的时候，玩得满头大汗了都不想回家休息。	□
❷ 在家游戏时，放下这个玩具又接着玩那个玩具，一刻都停不下来。	□
❸ 精力十分充沛，家长每次陪他做运动都要累趴下了，他还一身的劲儿。	□
❹ 喜欢追逐跑闹、钻爬投掷，没有一刻是安静的。	□

面对浑身使不完劲儿的孩子，你是怎么做的呢？

表现	判断
❶ 反复要求和劝说，希望孩子能够安静下来。	☐
❷ 强迫孩子学习绘画、阅读，希望孩子改一改不停活动的坏习惯。	☐
❸ 让孩子做安静练习，每次 20 分钟以上，孩子达不到就严厉批评或惩罚。	☐
❹ 担心孩子有“多动症”（注意缺陷多动障碍），带孩子到医院检查。	☐
❺ 让孩子充分地运动，自己则巧妙地基本不参与，各得其所。	☐

如果你勾选了上述选项，说明你还需要学习关于 4 岁孩子运动的相关知识。

关键知识

婴幼儿时期，孩子的骨骼比较柔软，脊柱弯曲度还没定型，他们不断交替进行各种活动，可以使骨骼和肌肉有张有弛，得到充分的血液供给，更好地促进生长发育。所以，孩子爱动是成长需要，是一种正常的生理现象。

4 岁的孩子神经系统兴奋和抑制功能都大大提高，不再像以前那么容易疲劳，集中精力从事某种活动的时间也较之前大大延长，能完成一些比较复杂的运动，如单脚跳、躲避跑、攀爬等，由此获得更多的成就感。他们已经从自我世界中走出，开始进入合作游戏阶段，游戏中的分工协作，让他们更喜欢和同伴一起游戏，常常玩得忘记了时间。因此，4 岁孩子表现出的精力充沛、总有使不完的劲儿，是身体发展、交往提升的重要表现，家长要予以正确的支持。

建议方法

如何利用孩子精力充沛、不停运动的特点，帮助他更好地成长与发展呢?

科学关注，区分孩子“多动症”和爱运动的不同表现

部分家长看到孩子一天到晚地“动”，担心孩子的发育出现了问题，其实是不了解孩子的运动特征，可能对“多动症”等幼儿疾病一知半解。“多动症”和爱运动是两回事。家长发现孩子特别爱动，可以细心观察或与幼儿园老师沟通，了解孩子能不能自主安静地进餐；在阅读、绘画、科学探究等活动中，能不能集中注意力做事情；孩子在与其他小朋友、师长交流过程中，会不会倾听，能不能回应，交流是否顺畅；午休时孩子的睡眠是否正常等。如果不存在上述问题，则说明孩子只是对运动颇有兴趣，家长不必太过焦虑，这是孩子成长过程中的一种正常生理表现。

了解 4 岁孩子的运动特点，提供运动和交往所需要的环境

4 岁孩子不停地动是骨骼肌肉发展的需要，家长要了解孩子在这个年龄段的运动特点：能在较窄的低矮物体上平稳地走一段距离；能以匍匐、膝盖悬空等多种方式钻爬；能助跑跨跳过一定距离，或助跑跨跳过一定高度的物体；能与他人玩追逐、躲闪跑的游戏；能连续自抛自接球。

孩子进入联合游戏阶段，运动是孩子交往的手段。所以，家长可以让孩子走一走较长的马路牙子，锻炼平衡能力；带孩子去乐园玩拓展运动，让孩子体验钻、爬、滑等多种运动形式；帮助孩子约几个同龄的小朋友，在公园里玩“抓人游戏”，在追逐、躲闪跑中体验刺激与欢乐等。根据这个年龄段运动和交友的特点，家长要帮助孩子选择合适的户外环境，如有点挑战又不危险、多个孩子可以在一起玩的场地等，支持孩子的运动和交往

需要。当孩子不能持久地进行某一项运动时，家长要充分理解，这是他满足不同部位发展和扩大交往圈的需要。

提供适宜的玩具或体育运动用品，支持孩子挑战自我

家长可根据4岁孩子的能力特点，给孩子准备滑板车、跳绳、沙包和球等体育运动用品，让他多玩运动类游戏，给孩子充分游戏的时间。这样孩子在游戏中既可以发展运动技巧，增强身体的灵活性与协调性，同时又能体会到运动的乐趣，从而更喜欢运动。家长可能还会发现，孩子在玩某种玩具或进行某项运动项目一段时间后，会对这种玩具或运动项目失去兴趣，此时家长可以变换形式、提高难度，激励孩子挑战自我。比如，在玩一段时间的常规滑板车后，可以让孩子玩一玩花样滑，在进行常规跳绳后让孩子尝试花样跳等，让孩子在自我挑战中养成坚强、克服困难等心理品格，让孩子的身心得到健康发展。

建议亲子共同运动，养成锻炼习惯

中国公安大学李玫瑾教授曾说过："想让孩子更勇敢，4岁就让他运动。"运动能提升神经递质水平，让大脑变得更加强大，提升记忆力、注意力和反应能力等。4岁是让孩子养成运动习惯的最佳年龄段。父母要结合家庭生活特点，选择大人和孩子都能坚持的某种运动，亲子共行，如每天跑步、每周打球等，让孩子养成有规律的运动习惯，热爱运动而且能坚持运动。

重点回顾

4 岁的孩子因为身体发展与交往能力提升，会有精力无限、一天到晚动个不停的典型表现。家长发现孩子精力充沛、特别爱动的特点后，不要轻易怀疑孩子患了“多动症”，而要更加细致地观察孩子。如果孩子在日常生活中没有异常，说明孩子需要比较大的运动量，家长要选择适宜的运动环境，选购适当的体育运动用品，通过常规运动或者加大难度的自我挑战运动、鼓励孩子参与同伴游戏、家庭亲子运动等多种方式，保障幼儿运动发展的需要，增强孩子的身体协调性、灵敏性，发展孩子体能的同时培养他的意志力。

孩子突然变得爱发脾气是怎么回事儿？

典型情景

暖暖，4岁3个月，一直是乖乖女的她最近突然特别爱发脾气，和小朋友一起玩游戏时，不一会儿就听到她大喊大叫："这是我的，你不准拿！"她有时还推搡其他小朋友，说："你太笨了，我不和你玩了！"妈妈发现暖暖脾气见长，和颜悦色地对她的行为说理指正时，没想到暖暖的脾气更大了，不仅说一句回一句，还大哭大闹。孩子突然变得爱发脾气，到底是怎么了？

对照判断

看一看，你的孩子有以下行为和反应吗？

表现	判断
❶ 和小朋友交往时，爱赌气："我再也不和你玩了！"	□
❷ 和小朋友一起游戏时，有破坏玩具而导致游戏中止的行为，例如打乱棋盘。	□
❸ 想要某个东西没得到或愿望不被满足时，又哭又闹，有时还躺在地上打滚。	□
❹ 没按规矩做事被妈妈批评指正时，冲妈妈大发雷霆，叫嚷不止。	□

面对孩子突然出现的爱发脾气的行为，你是怎么做的呢？

表现	判断
❶ 直接告诉孩子发脾气是不对的，狠狠批评。	□
❷ 对处于情绪中的孩子冷处理，等待他自己恢复情绪。	□
❸ 永远都是安抚孩子，指责或批判引发孩子情绪的人、事或物。	□
❹ 反复给孩子讲道理，希望他能明白发脾气的坏处，学会处理情绪。	□
❺ 根据不同的情况安抚或批评，帮助孩子学会用语言表达而不是发脾气。	□

如果你勾选了上述除第 5 项之外的选项，说明你未能很好地处理孩子发脾气的行为，你需要继续阅读以下内容。

关键知识

4 岁的孩子有了强烈的自我意识，也有了一定的自尊心，他们想掌控身边的事，把所有的事情都做好。但因为他们的能力还比较有限，无论是与同龄人的交往，还是学习、生活，一旦面临被批评、被冷落、被处罚、有争执、得不到满足等情境时，他们的自尊心遭遇“挑战”，无法自我调节情绪时，就会产生明显的负面情绪，通常表现为发脾气。同时，4 岁的孩子开始走出自我世界，尝试社会交往，这个过程中他们有压力，也有焦虑，会通过哭闹、破坏玩具、拒绝交往等行为释放压力或宣泄情绪。这些时候，家长不要认为孩子在无理取闹，要理解他发脾气的原因，透过现象发现孩子的真实需要，引导他解决问题。随着孩子的成长，他理解和处理事情的能力增强，爱发脾气的现象也会慢慢消失。

建议方法

如果孩子正处于爱发脾气的阶段，相信以下方法能给你较大的帮助。

通过亲子阅读，了解情绪并学会应对

情绪是伴随着孩子的诞生而来的，孩子出生后会用哭来表达身体的不舒服，随着年龄增长，逐渐产生害怕、生气、反抗、害羞等情绪反应，4 岁以后开始产生骄傲、羞愧、罪恶感、尴尬等更加复杂的情绪，能表达自己的情绪，也有了一定的情绪控制能力。然而，当他的自尊心受到“挑战”时，他的情绪控制能力仍显不够。

为更好地让孩子正确认知和了解情绪，帮助家长有效教会孩子管理情绪，儿童作家们编写了很多关于情绪的图书，如《生气汤》《我的情绪小怪兽》《我好担心》《我变成一只喷火龙了！》等。在孩子爱发脾气的时段，家长与孩子一起读一读这些书，通过书中的内容，帮助孩子认识各种情绪，引导孩子了解有负面情绪是正常的，并对照自己有负面情绪时的表现，学会用书中的方法排解负面情绪。

关注日常心理感受，避免引发负面情绪

根据皮亚杰的道德认知发展理论，4 岁的孩子刚从无律阶段发展到他律阶段，他遵从成人的规则，还不能够客观地自我评价，对自己的认知依赖于外在世界，成人是他们精神世界里的权威。孩子负面情绪（例如愤怒）的产生，大多与成人有关，如因为做错事被成人惩罚，因某些原因被剥夺游戏时间，在家长或老师处理同伴冲突中遭受不公平对待等。

家长要关注 4 岁孩子道德发展的特点，不要在孩子面前展现太多成人世界的权威和规则，纠正孩子错误或批评孩子时尽量不用惩罚的方式；处理孩子某个问题时尽量不牵扯其他问题；处理同伴矛盾时，不简单下

结论，弄清原委后再做处理；也不简单要求哥哥姐姐去谦让弟弟妹妹。比如不因为孩子不刷牙而不让他玩积木，不因为别的孩子哭了就认为是自家孩子欺负了他等。

接受孩子的负面情绪，感情联结巧妙安抚

家长要明白，孩子发脾气并不是故意为之，而是他们的大脑思维一时被情绪所压倒，无法像大人一样理性地控制自己，只能通过发脾气来释放自己的感受，恢复情绪的平衡。因此，孩子有一些负面情绪是正常且健康的，不要否定或者担心害怕，可以耐心地和孩子坐在一起，紧紧拥抱他，耐心倾听他的要求，弄清楚发脾气的原因，跟他商量解决方案。

在孩子有情绪时，不要试图弄清事实或跟他说理，也不能不耐烦地打断或斥责孩子，因为在孩子处于情绪中时，过多的询问、说理和斥责只会加剧孩子的负面情绪。家长要接受孩子的负面情绪，及时给予理解和适当安抚，与孩子建立情感层面的联结，让孩子感受到父母无条件的支持和爱，感觉自己处于一个安全地带。孩子平复心情后，慢慢就能学会理解并调节自己的情绪了。家长要明白，孩子处在成长过程中，他的大脑发育成熟之前会出现各种负面情绪，如何正确引导他是家长的职责。

在对弈游戏中，引导孩子正确对待失败

很多时候孩子发脾气与自尊心有关，例如因为输棋了、搭积木没有达到预期效果、绘画时涂色与预期大相径庭等觉得丢脸而气急败坏。面对这样的情况，家长要先与孩子共情，可以抱抱孩子，理解他的失落情绪，“妈妈知道你现在很难过。”“妈妈小时候……也很伤心。”要肯定孩子出现失败心理的合理性，然后引导他去想办法获得成功或者坦然接受失败，可以与孩子讨论如何面对失败，共同感受失败后周围人的反应，让孩子渐渐地意识到失败没那么糟糕，如何在失败中反思才是最重要的。

避免在孩子面前发脾气，做孩子的好榜样

家长仔细观察孩子发脾气的言行会发现，那些稚嫩的脾气里有家长的影子，例如摔东西、大喊大叫，甚至哭闹等。家长发泄出来的一切焦虑、痛苦、失落等情绪，都会变成负能量被孩子吸收，孩子慢慢会成为负能量的接受者。所以让孩子少发脾气的前提是家长学会情绪管理，尤其是社会性学习方面，家长要注意自己的言行，在与家人出现矛盾时，要注意沟通和表达的方式，不给孩子形成负面的示范。

重点回顾

4 岁的孩子突然爱发脾气，是自我意识与自尊心发展不同步产生的一种正常心理，是他情绪、情感的一种表达。因为他的认知和语言有限，无法用语言表达内心强烈的情绪，有些无所适从，只能通过发脾气来释放，从而使内心获得平衡。当然，爱发脾气不是一种理性行为，家长需要理解和引导孩子，通过亲子阅读相关的书籍、关照孩子的日常生活、接受孩子发脾气的行为、予以情感抚慰、为孩子做行为示范等方法，帮助孩子学会识别情绪，充盈内心，学会正确表达和情绪管理。

为什么孩子总摸自己的生殖器？

典型情景

强强，4 岁半。从去年下半年开始，妈妈发现强强有时会把小被子压在身下，趁人不注意，偷偷摸自己的生殖器，一旦被人发现，迅速把小手收回。老师说，在幼儿园午睡的时候，强强也常常趴着睡，在被子下晃动着身体，发现老师看就会停止。妈妈很着急，强强这种奇怪的举动是不是出问题了，到底是怎么回事呢？

对照判断

看一看，你的孩子有以下行为和反应吗？

表现	判断
❶ 4 岁半的男孩，经常看到他把玩自己的生殖器，还勃起了。	□
❷ 4 岁后喜欢和同伴一起如厕，偷偷观察别人的生殖器。	□
❸ 4 岁的女孩子，会有意无意地用桌子角、床边或其他什么东西摩擦生殖器。	□
❹ 接孩子回家时，发现孩子偷着玩过家家游戏，相互摸生殖器，自家儿子也被摸了。	□

面对孩子抚摸生殖器的行为，你是怎么教育的？

表现	判断
❶ 觉得孩子的行为很丢人，斥责孩子，不允许孩子这样做。	□
❷ 跟孩子讲道理并监督孩子，严禁他偷偷摸生殖器，告诉他这是很丢人的事。	□
❸ 几次教育未果后，担心孩子出了问题，带孩子去看心理医生。	□
❹ 跟幼儿园老师沟通过，老师说是孩子成长过程中的正常行为，就不再关注此事。	□

如果你勾选了上述教育行为，说明你对 4 岁孩子性发育的有关知识还不了解，请你耐心阅读以下内容。

关键知识

儿童的成长伴随着性的发展，他们在 3 ~ 6 岁进入性发展的第一个高峰期。4 岁的孩子体内分泌的性激素明显增加，生殖器上的神经末梢逐渐丰富，有通过自己的身体行为来探索性感觉的冲动，表现为摸自己的生殖器或趴在床上摩擦性器官等，心理学上称为“自体性行为”。4 岁的孩子处在自体性行为的高峰期，自体性活动会比较多，而且大多数孩子进入了性别敏感期，对男孩女孩的性别不同开始感兴趣，对生殖器也充满好奇，开始出现关心性别、探索性器官的行为。这是孩子探索性的正常行为，跟性欲本身无关，家长不必恐慌或担心。6 岁后这种行为大多会自行消失。

建议方法

发现孩子摸生殖器，不要大惊小怪

如果发现孩子摸生殖器，家长不要斥责孩子或担心焦虑，也不要用“羞羞”等方式制止孩子，更不必紧张兮兮、沉重不堪地与家人讨论，可以相互提醒关注孩子的这一行为，给予科学引导。这是孩子本身“自体性行为”的一种探索。受传统性文化影响，孩子做这件事情本来就有悄悄的、偷偷的心理，他会羞怯、会担心，但又禁不住探索的欲望。家长反应过度会引起孩子的心理负担，甚至会强化孩子的行为，导致孩子的这种行为频率上升、持续的时间延长。所以，对儿童的性教育要举重若轻，不要大惊小怪，不批评指责，而是予以正面的客观认识并弱化这一行为。

给予适宜的性安全、性卫生和性隐私教育

当孩子出现摸生殖器的情况时，家长可以先与孩子共情，让其从被人发现的焦虑中安静下来：“你很好奇是吗？”然后叮嘱孩子注意卫生：“摸一摸也不是不可以，但一定要洗干净手再摸。”等孩子紧张的心理渐渐平复，可以用“你想知道什么”之类的问题引出孩子想知道的事情，给他进行科学的解答。随后，一定要告诉孩子，生殖器是一个人的隐私，除因不舒服、疾病等健康原因让家人、医生看或摸之外，不能让家人之外的人（尤其是陌生人）看或者摸，也不要去看或者摸别人的生殖器，要保护好自己的隐私，也尊重别人的隐私，并提醒孩子，有与性别相关的疑问，不能在公共场合提出，最好在家里悄悄地问爸爸妈妈。关于性的话题，家长一定要重视与孩子进行沟通，在性教育中，安全、卫生、隐私教育比性知识本身更重要。

引导孩子观察男女外观差异，树立正确的性别意识

此阶段的孩子，不但关注自己的性别，也关注异性，有了“我是男孩”“我是女孩”的性别意识。家长发现孩子关注性器官和性别后，可以引导孩子从着装、发型、声音、爱好等多角度观察男女的不同，把孩子的注意力引向男女外观和社会性的差异，淡化对生殖器的关注，帮助孩子正确认识自己的性别，建立与社会认同一致的，言行、着装、发型等符合自己性别的

性别意识。

排除外在因素，避免过犹不及

发现孩子抚摸性器官后，家长首先要检查孩子的私处是否出现红肿、发炎等症状，因为尿路感染、包皮炎、湿疹等会产生瘙痒感和疼痛感，导致孩子频繁抓挠，还要看看孩子的衣服是不是勒得太紧或材质不舒服，或者是否发生了他自己解决不了的问题而导致心理压力过大。在确保孩子健康、舒适的前提下，可根据孩子的情况进行适度的性教育，坚持“不愤不启、不悱不发”的原则，孩子的疑问到什么程度，家长就引导到什么程度，不过度讲解或介绍，切忌过犹不及。如果家长直接把性常识介绍给孩子，而不关注孩子的心理状况和接受程度，反而会给他造成不必要的困扰。

重点回顾

4 岁的孩子进入了“自体性行为”高峰期和性别敏感期，因探索性感觉和对异性感兴趣会在言行上有所表现。家长要仔细观察、倾听，适宜、适度地引导孩子科学认识生命、认识性别，给孩子讲解性安全、性卫生、性隐私等有关知识，引导孩子了解男女的社会性差异和他能理解的性知识，帮助孩子树立正确的性别意识，做一个健康快乐的男孩（或女孩）。

为什么孩子会在其他小朋友面前说大话？

典型情景

丁丁，幼儿园中班，突然变得爱和小朋友比较，还总是夸大其词地称赞自己。如披上一张床单，就会说“我是超人，你们必须听我的”；告诉小朋友自己家有很多钱，爸爸给他买了一柜子的奥特曼玩具；和小朋友斗嘴，会恶狠狠地说“我爸爸是警察，你再说就把你抓走”。丁丁为什么会在小伙伴面前这样吹牛呢？

对照判断

看一看，你的孩子有以下行为和反应吗？

表现	判断
❶总爱在小朋友面前炫耀，说自己有很厉害的玩具，自己有超能力等。	□
❷跟同伴聊天都是吹牛、说大话，明明家里没有，却信誓旦旦地告诉小伙伴家里有这个有那个。	□
❸跟同伴讲述新事物时，极尽兴奋和夸张，完全不着边际。	□
❹特别迷恋童话故事，相信故事中的世界真实存在，并因此说一些荒诞的大话。	□

孩子说大话时，你是怎么做的呢？

表现	判断
❶ 质疑孩子的人品，批评孩子吹牛。	☐
❷ 拆孩子的台，把真实情况告诉孩子的小伙伴，教育孩子今后不能再吹牛。	☐
❸ 事后教育孩子要诚实，不能随意撒谎、说大话。	☐
❹ 担心孩子学坏，苦口婆心地给他讲道理，希望他能明白并改正。	☐
❺ 让孩子在冷静角反思，直至他承诺不再说大话。	☐

如果你勾选了上述的处理行为，说明你对 4 岁孩子的思维和想象力发展的特征还不了解。请你继续阅读以下内容。

关键知识

4 岁的孩子处于直觉行动思维向具体形象思维过渡的阶段，开始用象征性符号进行思维，又称想象思维。这个阶段的孩子没有掌握部分和整体的关系，思维呈现“中心化”特点，在同一时间只能考虑到事物的一种特征，常常凭自己的个别经验、个体意义的象征或所谓“信号物”进行思考，想象力具有极度夸张性特点，很容易脱离现实，偶尔还有想象与现实混淆的状况。

另外，这个年龄段孩子的口语能力已经发展到更高的阶段，有了一定的独白能力，发现了语言的力量，基本能自如地向同伴们分享自己的所思所想。当孩子想表达自己的自尊心、虚荣心和好胜心等时，他会把自己想象的部分表达出来，说一些异想天开的话或者直接说大话。这不是孩子个性品质出现问题的表现，只要正确引导，这种说大话的现象会随着孩子思维能力的发展逐步消失。

建议方法

了解真实想法，加强亲子沟通

父母遇到孩子说大话的情况，第一时间不要急于批评或纠正，而要认真思考和分析孩子的行为，认真倾听他话语里隐藏的真实想法和信息，切实感受一下孩子的内心需求，看他是虚荣心作怪，还是在当时的情境下自尊心受到了挑战，或者因其他特殊情况触发了他的想象力，然后针对他说大话的出发点和目的，帮助他确认他的想法、情绪，帮他说出来。这时孩子的内在感受经由父母的描述而被确认，他会慢慢理解自己内在的真实情况。然后，家长再引导他一起去看清现实的一部分，让孩子从父母的回应和支持中，看到自我真实的力量和控制感。当他认清自己后，就不会再随便说大话了。在这个过程中，注意不要给孩子贴标签，一旦让孩子背上“说大话”的包袱，会对他的这种行为起到强化作用，让他更容易说大话。

理解认知发育特点，帮助孩子分清想象与现实

4 岁的孩子各方面发育仍不成熟，有时会不自觉地将自己见到、听到甚至想象到的一系列事物，全部转化为自己大脑贮存的内容，将真实与想象混为一谈。

在分不清想象和事实的情况下，因为语言能力的发展，孩子特别喜欢与别人分享，如跟父母讲今天幼儿园来了一位蝙蝠侠，全班小朋友都打不过他。父母听后的第一反应可能会认为孩子在撒谎或说大话，但事实是他在幼儿园看了蝙蝠侠的动画片或听老师讲了蝙蝠侠的故事。这时，父母可以给孩子提供更多表达的机会，让孩子给家人讲讲他所说的事情，或者经常让孩子给家人讲幼儿园的生活等，然后与孩子一起辨析，他说的哪些是想象，哪些是现实，慢慢引导孩子认识什么是现实，并告诉孩子，想象非常重要（很多文学、艺术都离不开想象），爸爸妈妈喜欢有想象力的孩子，想象的内容可

以当作故事讲，但不能作为事实讲。当孩子认识到太过离奇的言语容易误导同龄伙伴时，会逐步收敛自己说大话的行为。

父母以身作则，教孩子正确认识自己

我们常说，孩子是父母的“复制品”，父母一旦在生活中经常夸张地说大话，孩子听到或看到了，会“简单照搬、学以致用”。所以，发现孩子经常说大话时，父母要反思自己的言行，如果有吹牛、说大话的情况，尽量纠正自己的言行。如果有特殊情况需要当着孩子的面“说谎”，尽量跟他解释清楚，不要用一些敷衍的借口让孩子产生困惑。父母要以身作则，为孩子树立言行的良好榜样，帮孩子树立信心并认清自己的真实能力。比如，孩子夸口说自己是钢铁侠无所不能时，父母可以让他搬起一个柜子或让他去做现阶段无法做到的事情，如果孩子不能完成，他就能意识到自己并不是无所不能的，做到正确评判自己，而不是选择以说大话的方式来诠释自己。

反思育儿行为，把握表扬和鼓励的度

表扬和鼓励在一定程度上可以增强孩子的自信心，但如果父母的表扬或鼓励过度，容易滋长孩子的虚荣心和好胜心，从而让孩子养成爱说大话的习惯。所以，如果发现孩子说大话，父母要反思自己的育儿行为，特别是日常的鼓励和表扬是否妥当，如果表扬过于频繁，有经常在别人面前“晒”孩子以满足自己虚荣心等行为，父母要及时调整，避免让孩子形成自大的心理。父母在表扬孩子的时候，心里要明白表扬的目的是什么，哪些行为可以表扬，哪些行为不用表扬，而且要表达清楚，孩子值得表扬的点有哪些，通过表扬充盈孩子内心的力量，而不是造成孩子有自我、自大的优越感。

重点回顾

4 岁的孩子自我意识增强，处在想象思维丰富的阶段，口头语言表达能力成熟，常会因虚荣心、好胜心、想象与事实混淆等原因说大话，这种情况本身无关道德与品格。家长不要因为孩子说大话而惊慌，甚至给孩子贴标签；要通过亲子沟通，明确孩子的真实想法，尊重孩子认知发育不成熟的特点，帮助他分清想象与现实；并在日常生活中以身作则，积极引导，帮助他正确认识自己；还要反思自己的育儿行为，把握好表扬与鼓励的度，既保护孩子的积极行为，又不养成他自我、自大的习惯。

4 岁的女儿对衣服很挑剔，这是怎么了？

典型情景

丽丽，4 岁半，在爱美方面变得非常固执，每天不戴自己选的漂亮发卡、不穿自己选的漂亮衣服不出门；看见班里的小女生穿了漂亮衣服，回家后哭哭啼啼缠着妈妈给自己也买一件；大冬天大家都穿厚衣服，她却一定要穿裙子；有时还拿着妈妈的口红把自己的嘴巴涂得乱七八糟……妈妈很头疼，丽丽这么“臭美”和挑剔，到底是怎么了？

对照判断

看一看，你的孩子有以下行为和反应吗？

表现	判断
❶ 对发卡、头饰等装饰品很感兴趣，自己喜欢的一定要买下来。	□
❷ 出门的时候非得自己挑选衣服，否则就不出门。	□
❸ 买衣服时一定要自己挑选，否则就不喜欢穿。	□
❹ 对小伙伴的漂亮衣服感兴趣，一旦喜欢就缠着父母也要买。	□
❺ 拒绝父母在家帮其理发，一定要去理发店。	□

面对孩子突然“爱美”到固执的行为，你是怎么做的呢？

表现	判断
❶ 为孩子穿衣服挑来挑去感到头疼，批评和制止这样的行为。	□
❷ 尽量满足孩子挑选衣服、发饰的要求，有求必应。	□
❸ 怕孩子“臭美”学坏，不再给他买好看的衣服，让他穿得更朴素点。	□
❹ 平时还能忍受孩子的挑拣行为，着急时就控制不住，对他一顿吼骂。	□
❺ 觉得孩子爱美说明他长大了，耐心尊重他的行为，尽量满足他的“臭美”需求。	□

如果你勾选了上述选项，那表明你对孩子的爱美之心尚不了解，不知道他已经悄悄进入审美敏感期。

关键知识

当孩子出现对发型、服装、文具、餐具甚至食品挑剔的行为，对这些东西的美、完整等发表意见时，意味着孩子进入了审美敏感期，对自己的形象和用品有了期待和审美标准。一般女孩子会开始关注自己的衣着和服饰是否好看，男孩子会开始挑剔自己的发型、吃的食物、用的器具是否完美。对孩子这些近乎固执的爱美之心和“臭美”的行为，家长尽量不要责骂和制止，要尊重和理解他内心对美的渴望，给他提供适宜的物品，以及适度给他选择穿衣、戴发饰的权利，引导他感受美、欣赏美甚至创造美，正确认知美的内涵，形成健康的审美情趣。

建议方法

不批判否定，理解支持孩子的“挑剔”行为

家长要明白，孩子对服装的挑剔不是成人世界的挑三拣四或攀比，是他形成自己审美观和世界观的一个必经过程。如果孩子因此被拒绝、被讽刺或被批评，他会慢慢失去自信心和安全感，不再愿意表达自己的所思所想，甚至变得沉默寡言。所以，在孩子对服饰、发型挑剔时，家长要为孩子有了自己的想法而感到高兴，不要觉得他在无理取闹而简单否定。如果时间允许，应蹲下来认真听听孩子的心声，问问他为什么这样穿。如果孩子说喜欢这件衣服的颜色，家长要予以肯定，可以说:“哦，原来是这样，妈妈理解了。”如果孩子的穿着不合适，可以引导孩子思考穿这件衣服的后果，让他明白事理并培养孩子做决定的能力。如果孩子依然坚持自己的想法，在安全的情况下家长可以让步，让孩子通过尝试去承担后果。如果天冷孩子要穿薄衣服，记得给他带件厚衣服就可以了。

只准备当季的衣服，缩小孩子可选择的范围

孩子的审美敏感期会更多表现在穿衣服上，所以，在换季收纳时，尽量只准备当季的衣服，这样孩子就会在当季的衣服中选择自己喜欢的。平时购买跟孩子相关的物品如衣服、玩具时，也不要购买太多样式或品种，尤其是那些过于花哨的衣服，如有过长丝带、过宽蕾丝花边或过多小饰物的衣服等，免得孩子因为选择过多，或者迷恋花哨的衣物，在选择衣服时与家长产生矛盾。

给予选择自由，生活中提高孩子的审美情趣

孩子对服装、发饰表现出挑剔时，家长可以与他一起选购心仪的衣服、发饰。因为有自主选择的过程，孩子不仅可以发展自我意识，而且通过比较

衣服的质地、颜色，慢慢地就学会了做决定，提高了审美能力，会更珍惜自己所选的衣物和饰品。进一步，家长还可以在业余时间多带孩子去大自然、美术馆，欣赏一草一木的生命之美，欣赏日出日落、风霜雪雨的天地大美，欣赏一幅幅作品的创作之美，引导孩子一起发现艺术里、生活里、大自然里的美，感受美的多种风格——华丽之美、精致之美、质朴之美、简约之美等。

在这样共同欣赏美的过程中，与孩子聊聊天，让孩子把自己内心对美的感受描述出来，或者让孩子带上画具画下来，陪孩子一起用各种原料创作美的小物件，滋养孩子审美的心灵，提升审美情趣。

适当忽略孩子的“固执”，在故事中进行审美教育

家长越是想改变的事情，孩子就越想坚持。所以家长的关注就相当于强化了孩子的行为。对孩子在审美敏感期内出现的“固执”行为，家长不要强硬地阻止，可以用故事、游戏等进行渗透教育，只讲故事和做游戏，不讲道理，让孩子慢慢地去感悟。比如，在孩子“固执”时尊重他，然后利用洗澡、讲故事的时间把他的“固执”编成故事讲给他听。当然，这个故事会因主人公的“固执”带来不太理想的结局，如孩子冬天要穿裙子，这个故事的主人公肯定感冒了，并通过故事告诉孩子什么样才是真正的美。

游戏是进行审美教育的另一种有效形式，孩子在轻松、自由的游戏中，很容易记住现实中的美，并学会美的语言。比如：玩积木游戏，在搭建立体桥的过程中能感受建筑中的艺术之美；玩彩色拼图可以感受色彩搭配之美；做手工时通过分类、剪裁、粘贴完成作品，感受创作之美；与孩子一起用鲜花、饰品、餐具等把家扮靓，能够感受劳动之美等。通过思考和实践把美表达出来，是家长与孩子一起提高审美能力的最佳方法。

重点回顾

4 岁的孩子进入审美敏感期，变得十分挑剔和敏感，对事物有自己的标准和要求，从关注食品、用具的完整到自身形象的完美，审美的范围在不断扩大。4 岁的孩子比较在意自己的着装和发型，尤其是女孩子可能会出现“臭美”的情况。这时家长应该充分尊重孩子的审美需求，不否定、不批评，可以在缩小选择范围的前提下，给他提供适宜的物品，让他有适度选择的权利。对孩子的“固执”行为，适当忽略与淡化，在日常生活中通过故事、游戏进行教育，并通过自然、生活、艺术等场所，带领孩子感受与欣赏美，表达与创作美，逐步引导其形成健康的审美观。

家长成长与角色定位

4 岁的孩子语言飞速发展，天天模仿动画片中的人物，在生活中养成了一些坏习惯。如何坚持生活中的规则，从做家务开始，帮助孩子改掉生活中的坏习惯？又如何与幼儿园老师沟通，确保孩子在家和在幼儿园都能良序成长？

如何帮助孩子改掉生活中的坏习惯？

典型情景

冬冬，4岁3个月，晚上不愿睡觉，早上起不了床，上幼儿园经常迟到，家里玩具扔得到处都是，还缠着老人帮自己穿脱衣服、喂饭等；和其他小伙伴一起玩时，稍不如意就摔玩具、推搡他人，还常常哭闹发脾气，在幼儿园里不受欢迎，经常被老师“告状”。面对这些坏习惯，妈妈很头疼，该如何帮他改掉呢？

对照判断

看一看，你的孩子有以下行为和反应吗？

表现	判断
❶ 在心情不好的时候通过摔玩具、破坏物品发泄情绪。	□
❷ 玩游戏没有节制，经常耽误吃饭和睡觉。	□
❸ 生活习惯有点差，吃饭要喂，经常不刷牙，睡觉晚，早上起不来。	□
❹ 家里玩具玩过后不收拾，乱扔乱放，下次想玩到处找。	□
❺ 见到陌生的亲戚朋友，不仅不打招呼，还吐唾沫、戳人脸。	□

孩子出现不良行为习惯时，你是怎么做的呢？

表现	判断
❶ 指责甚至打骂，希望孩子马上改掉。	☐
❷ 认为对小孩子没必要那么严格，听之任之，偶尔批评一下。	☐
❸ 给孩子讲道理、立规矩让他改掉，但总是不能严格执行，经常半途而废。	☐
❹ 要求老人不能纵容孩子的坏习惯，结果老人无所适从，孩子一如既往，家里更加糟糕。	☐
❺ 家里设立冷静角，在孩子反思、冷静、认错后才原谅他。	☐

如果你勾选了上述不恰当的管教方式，请你继续阅读本主题内容。

关键知识

整个幼儿阶段，都是孩子建立良好习惯的关键期。4 岁的孩子精力充沛，喜欢尝试新鲜事物，社会交往与自我服务能力发展较快，但仍处在道德认知的他律阶段，孩子接受权威制定的规范并把它看作是固定的、不可更改的，因此，如果在过往的生活中形成了不适宜的行为或习惯，幼儿阶段是纠正的好时期。只要父母细心加以指导，就能培养孩子的独立性、规则意识和礼貌意识等好习惯，帮他改掉坏习惯。如果家长在孩子的幼儿阶段不注意纠正他的坏习惯，让他养成好习惯，随着孩子年龄增长，他在 8 岁之后过渡到道德自律阶段，不再无条件地服从权威，养成良好的生活习惯会越来越困难。

建议方法

理解道德认知规律

心理学家皮亚杰通过“对偶故事法”的观察实验，提出了“道德认知发展理论”，将儿童的道德认知分为4个阶段：

❶ 自我中心阶段（0～4岁），又称无律阶段、前道德阶段，儿童不理解、不重视成人或周围环境对他的要求，没有充分的规则意识；

❷ 他律阶段（4～8岁），又称权威阶段，儿童遵从成人的规则或命令，服从周围环境对他提出的要求；

❸ 自律阶段（8～10岁），又称可逆性阶段，儿童不再盲目服从成人的权威，有一定的规则意识，也有自己内在的判断标准，不再认为成人的命令需要绝对服从；

❹ 公正阶段（10～12岁），儿童的道德观念开始倾向于公正。

4岁的孩子处在道德他律阶段，比较容易遵从成人的规则或命令，只要家长认识到孩子的问题并予以积极引导，就容易帮他改掉已经形成的坏习惯。

认真沟通，指出危害

父母首先要清楚4岁的孩子应该养成哪些好习惯，包括睡眠、饮食、卫生、自理等，如果发现孩子有“坏习惯”，首先要做的事情是沟通。沟通的时间应选在问题刚发生或造成了后果时。沟通时要放下手里的其他事情，态度严肃，语气坚定，尽量让孩子看着大人的眼睛，明确指出孩子的哪些行为是不对的，为什么不对，简明而清楚地讲清坏习惯带来的不良影响，树立自己的道德权威，让孩子认识到错误行为带来的危害，逐步养成正确的行为习惯。

态度坚决，方法得当

“冰冻三尺非一日之寒”，让孩子改变坏习惯是个长期的过程。父母要尊重孩子的生理、心理特点，更要有决心、恒心。可以启动家庭会议，与孩子一起制定家庭规则，增强家长的权威度和规则的可理解性。如共同定出作息时间，将行为规范穿插其中，规定按时作息，不乱发脾气、不破坏玩具、讲卫生、有礼貌等，并讲明白相应的惩罚措施（如设置反思角、取消某项游戏或活动等）。一段时间内，家庭规则条目不宜太多，要图文并茂地在孩子看得到的地方展示出来，前期引导孩子多看多读，早日熟悉并遵守。纠正坏习惯是一个不太容易的过程，面对孩子哭闹抗拒时一定不要心软、不能妥协，家长的意见一定要保持一致，不要用高压的方式强制执行。家长要保持坚决的态度，根据情况采取劝说、商议、适度反思、惩罚等方式，和孩子共同遵守家庭规则，纠正孩子的不良习惯。

惩罚后安慰孩子，与他共情

惩罚本身不是目的，帮助孩子改掉坏习惯才是目的。惩罚过后，孩子能从中反思并形成正确认识时，要拥抱孩子，肯定他纠正错误的态度和行为，安慰他所受的委屈。4 岁的孩子已经能理解很多言语，家长可以选择时机与孩子谈谈心，让孩子知道惩罚和批评他时，父母内心其实也会感到心疼。还可以与孩子分享一下自己童年的，或者孩子的姐姐、哥哥小时候的类似经历，以此与孩子共情，让孩子知道成长中出现问题不可怕，积极克服并纠正就是好孩子。

坏习惯早纠正，好行为多鼓励

习惯一旦养成，改起来很难。好习惯如此，坏习惯亦如此。父母要及时发现孩子的不良行为和坏习惯，越早纠正越容易。比如，孩子认为上幼儿园迟到是理所当然时，他早上就不起来了。所以，当孩子一开始有早上不按时起床的行为时，就要严肃地告诉他：“上幼儿园有规定时间，经常迟到是不对的，不仅影响自己的学习，还会被老师和小朋友看成懒孩子。”还要给他定好早起时间，让他早上赖床的行为无法得逞。坚持几次以后，孩子就能早起了。一旦孩子主动早起，家长要拥抱、肯定和鼓励他，让他觉得按时完成某件事情是光荣且快乐的，帮他巩固好行为。当然，改掉坏习惯的过程中，偶有违反规则实属正常，家长要宽容但不要纵容。

重点回顾

孩子出现不适宜的行为或者不好的习惯表现，是成长中的必然经历，家长不要因焦虑而打骂孩子，而要早发现、早纠正。4 岁的孩子还处在道德他律阶段，能够服从父母的权威和命令。父母要根据这个特点，告诉孩子正确的行为习惯，通过指出坏习惯的危害，让孩子认识到坏习惯带来的坏影响，从而执行家庭规则或调整自己的行为，并真切感受到父母对自己的爱。纠正孩子的坏习惯是对父母决心、恒心的考验，切记不要心软、不能朝令夕改，要通过鼓励和坚持让孩子养成好习惯，逐渐改掉坏习惯。

怎么让宝宝与妈妈一起做家务？

典型情景

熙熙，4岁2个月，从幼儿园一回到家，就想帮妈妈择择菜、擦桌子、摆碗筷、洗碗筷；睡觉前要自己洗漱、铺床、脱衣服；早上起来也要自己弄。看起来很勤快，但今天打碎一只碗，明天把衣服扣子扯下来了，后天上幼儿园迟到了……本来有序的家庭生活被他搅和得乱七八糟。妈妈感到无所适从，到底要不要让熙熙做家务呢？

对照判断

看一看，你的孩子有以下行为和反应吗？

表现	判断
❶ 积极参与各种家务劳动，不让做就哭闹。	□
❷ 参与家务劳动不能把握轻重，经常打碎碗和盘，什么都做不好。	□
❸ 喜欢玩过家家游戏，在游戏中做饭、洗碗、洗衣服、炒菜等。	□
❹ 对家务活没有兴趣，要求家长把所有事情帮他做好。	□

对孩子从小学做家务这件事，你是怎么做的呢？

表现	判断
❶ 以孩子能力不够为由，拒绝孩子做家务，比如“你洗不干净”。	□
❷ 帮孩子做好所有家务，避免他乱掺和惹麻烦。	□
❸ 允许和鼓励孩子做家务，但在孩子没做好时会狠狠批评他。	□
❹ 任由孩子参与或不参与家务活，爱做多少做多少。	□
❺ 严格规定家务劳动的时间和要求，孩子执行不到位就惩罚他。	□

如果你勾选了上述选项，你还需要了解 4 岁孩子做家务的重要性和价值。

关键知识

家务劳动蕴含着健康、科学、审美等多角度的价值。4 岁的孩子有了更强的独立意识，开始关注到集体和家人，希望通过做事情体现自己对集体的价值。而且，他们的精细动作有所发展，能够胜任简单的家务劳动。

美国明尼苏达大学马蒂·罗斯曼教授经研究得出：一个从三四岁开始做家务的孩子，有可能比其他年龄段开始做家务的同龄人在人际关系、学习、事业、经济能力四个方面更有优势。也就是说，他将拥有更融洽的人际关系，在学习上能取得更优异的成绩，较早获得事业上的成功，更早实现经济独立。因此，如果父母没有很早地让孩子参与家务，那么在孩子 4 岁后，要给他创造空间和机会，让他参与适宜的家务劳动，提升自我能力，对家庭产生归属感。

建议方法

信任与放手，引导孩子做家务

信任孩子，放手给他创设学做家务的空间。当孩子提出一起做家务劳动时，家长要给予积极的肯定，趁机引导他去尝试，并给予一定的鼓励：“哇，宝宝长大了，能帮妈妈干活儿了。”让孩子在力所能及的范围内，学会自理或做一些简单的家务，培养孩子对家庭的责任感。如果孩子没有做家务的意识，家长更要加强引导，可以请孩子一起来做和他有关的家务，如一起打扫他的房间，洗他的小碗，摆放他的碗筷等，慢慢扩大与孩子一起做家务的范围。

创造家庭氛围，增强家务乐趣

孩子是很乐意和家人一起做家务的，如和妈妈一起择菜、一起打扫房间，和爸爸一起擦桌子、浇灌花草等，这些都会让他格外高兴。特别是在节假日，可以全家一起大扫除，在整理玩具、图书，擦拭植物、家具的过程中，放放音乐、唱唱歌曲，让孩子感受家庭欢乐的氛围，体会劳动的乐趣。家长还可以利用孩子对劳动与游戏容易混淆的特点，通过游戏来提高孩子劳动的兴趣，如跟孩子比赛谁择的菜又多又干净，比赛谁收叠衣物的次数多等，激发孩子自觉做家务。在孩子做家务劳动过程中，家长要注意劳动内容符合孩子的年龄特点和趣味性，不要太复杂，要以与孩子直接相关的内容为主；单次时间也不要太长，要以规律劳动、养成习惯为主。只要孩子保持对家务源源不断的热情，就会爱上做家务。

多点耐心、少些责备，分工合作共同完成

孩子做家务的过程是一种习得过程，免不了越帮越忙，把现场搞得一塌糊涂甚至打翻、打坏东西。这时家长不要认为孩子是添乱而责怪他，要耐住

性子，温和、耐心地教孩子正确的方法。如告诉孩子，择菜要去掉什么、留下什么，并示范给他看。

在确定孩子能完成一些家务劳动后，可以跟孩子商量召开一次家庭会议，全家分工合作，共同完成家务，如每次进餐前后与孩子一起完成餐前准备和收拾碗筷、擦桌子等活动。有了任务目标，孩子做事情会更有的放矢，也能在为家庭服务的劳动中感到快乐。在与孩子共同做家务时，父母要注意以身作则，用自己对家务劳动的热情感染孩子并树立榜样。

及时肯定劳动成果，帮助养成良好习惯

孩子参与家务劳动是一个长期、渐进的过程，有可能一开始做得很认真且热情高涨，但在做的过程中可能会感到厌烦想要退出。这时父母应及时引导孩子，帮助他克服困难，鼓励他有始有终地完成既定任务。然后要及时予以肯定和表扬，如“熙熙擦的桌子很干净，大家可以放心吃饭了”。如果孩子因懈怠而做得不够好，也不要嘲笑或批评，可以在肯定优点的同时指出改进要求，如“熙熙今天叠了自己的衣服，下一次再慢一点，就会叠得更整齐了”。除精神肯定外，还可以给予适当的物质奖励，如在一段时间里完成家务劳动后奖励一本书、一个玩具等，但不可滥用物质奖励，且不可放在劳动之前，而要放在完成劳动之后，让他保持家务劳动的热情，养成爱劳动的好习惯。

避免两种行为，适时增强难度和强度

一是避免以金钱、物质为交换条件，让孩子做家务，甚至让孩子通过做家务赚零花钱；二是避免错误的口头禅，如“帮我一个忙”“你能做……吗？”这会让孩子认为家务活是家长的事，自己可做可不做。要让孩子知道家务活是全家人的事，自己是家庭的一员，也要承担力所能及的劳动。而且随着孩子能力的增长，家务活的内容和强度可适度增加，可鼓励孩子做一些

有一定难度和有挑战性的家务，如帮助父母叠衣服等，进一步增强他的价值感和成就感。

重点回顾

让孩子参与家务劳动是一种重要的学习与成长经历。4 岁的孩子开始关注集体与家人，愿意与家人共同参与他力所能及的家务劳动，家长要信任孩子并学会放手，给孩子创造机会，明确家庭分工，营造欢快的家庭氛围，引导孩子学着做家务。如果孩子在家务劳动中犯了错或半途而废，不要指责打骂，要耐心引导并示范正确的方法，让孩子对做家务树立正确的思想认识，帮助他克服困难，鼓励他有始有终地完成家务劳动，让孩子享受劳动的过程以及完成劳动的快乐。家长要避免用物质奖励作为做家务的条件来交换，改掉错误的口头禅，适度增加劳动的强度和难度，助力孩子养成良好的劳动习惯。

孩子经常模仿动画人物，如何与他沟通？

典型情景

茂茂，刚过4岁生日，最近喜欢上了动画片《西游记》，每天手里拿着一根棍子作金箍棒，让妹妹喊他“大师兄”；奶奶不如他的意时，他就脱口而出：“老妖怪，哪里逃？”一到周末，就拉着全家一起陪他玩《西游记》角色扮演游戏，说爸爸是唐僧，妈妈是白骨精，弄得家人哭笑不得，应如何跟他沟通才好呢？

对照判断

看一看，你的孩子有以下行为和反应吗？

表现	判断
❶ 着迷于动画片中的角色，在日常生活中模仿。	□
❷ 喜欢边看动画片边模仿，感觉他活在动画片的虚幻世界中。	□
❸ 与爸爸妈妈的沟通全是动画语言，喜欢照猫画虎地去套用和模仿，弄得大人啼笑皆非。	□
❹ 喜欢选购一些动画角色的贴画，用来装饰自己的房间或者玩具。	□

当孩子模仿动画片里的角色交流和动作时，你是怎么做的呢？

表现	判断
❶ 批评孩子沉溺于动画片，活在虚幻世界里，打击孩子的游戏热情。	☐
❷ 担心孩子过于迷恋动画片而影响心理健康，想尽办法引导孩子走出动画作品的情境。	☐
❸ 看到网上有孩子模仿动画片而伤亡的报道，制止孩子模仿。	☐
❹ 怕孩子被一些低俗的动画片影响，每次都要陪着孩子看动画片。	☐
❺ 给孩子挑选有积极意义的动画片，跟他一起讨论他喜欢角色的特点。	☐

如果你勾选了第 1 ～ 4 的选项，请你多了解儿童的身份确认敏感期。

关键知识

孩子 4 岁左右时，空间活动能力不断增强，和妈妈分离的时间越来越多，会逐渐建立起关于自己内心的想象，即回答“我是谁”的问题，给自己一个身份定位，进入“身份确认敏感期”。他会选择动画片、文学作品中的形象作为偶像，进行扮演和模仿。然而，这时孩子还没有形成正确的是非观，家长需要引导他挑选正面、积极、利于成长的偶像，帮助他分析偶像的特点并构建自我。当孩子度过身份确认敏感期后，不用家长提醒，他自然会从模仿中走出来，模仿动画片人物的行为也会跟着消失。

建议方法

如果孩子出现模仿动画片人物的情形，父母先不要奇怪或着急，请耐心看看如何处理更好。

适当满足孩子的身份模仿需求

在孩子的身份确认敏感期，“我是霸王龙”“我是孙悟空”“我是白雪公主”，孩子崇拜哪个偶像，就希望自己是哪个偶像，从而给自己一个又一个身份。这时，孩子就像狂热的粉丝，他不仅模仿动画人物的语言和动作，还会要求家长给他购买与偶像相关的图书、玩具、衣服等，尤其是衣服，因为通过衣服装扮，他能从内到外地与偶像产生关联。对于孩子正常的模仿要求，在经济条件允许的情况下，家长可适当满足，并试着与孩子一起了解他的偶像，与他一起制作物料，玩角色扮演游戏等，让他内化这些人物背后的人格特征，完成自我创造。

正确引导孩子的身份模仿行为

4 岁的孩子身份模仿能力很强，但是非观念尚未成熟。比如，茂茂模仿孙悟空，认为自己有超能力，就对奶奶出言不逊，对爸爸妈妈也乱套用角色。这时家长要予以正确引导，告诉茂茂孙悟空是正义的化身，他只打妖怪和制止邪恶现象，不会随便用恶劣的语言伤害他人，而且他打骂妖怪，不是为了显示自己的能力，而是妖怪伤害了他的师父。妈妈可以告诉茂茂：“妈妈很爱茂茂，给茂茂做饭、穿衣、挣钱花，你不能模仿孙悟空来辱骂妈妈。”要让茂茂学到孙悟空正义、勇敢的一面，避免爆粗口、使用暴力解决问题的一面。家长要对孩子的偶像进行把关，引导孩子看正向积极的动画片，模仿积极正面的人物，学习其身上的优秀品质，避免看过于暴力、刺激或危险的动画片。当孩子对某一角色沉溺着迷时，家长可以和孩子在表演中互换角色，让孩子体验不同角色的情景和心理变化，进行多角度的角色认知。

跟孩子聊聊他偶像角色的故事

孩子模仿动画片中的人物时，父母可以顺应孩子的爱好，问问他为什么喜欢这个人物，他做过哪些厉害的事情，最喜欢他身上哪些地方……同时，与孩子谈谈自己小时候喜欢的那些“英雄”和曾痴迷过的动画片；带孩子阅读和观看更多的经典作品，如《葫芦娃》《变形金刚》《小猪佩奇》《鼹鼠的故事》《猫和老鼠》等，引导他发现更多角色并与自己喜欢的角色做比较，切记不说贬低孩子偶像的言语。当孩子的见识多了，他自然就不会过分沉溺于动画片中的某一个角色了。

巧用偶像力量培养良好习惯

模仿角色是孩子喜欢角色、发展游戏的第一步，更高级的发展在于孩子将角色的语境、语汇、性格特征等运用于现实生活中并影响自己的行为。如茂茂喜欢《西游记》中的孙悟空，这时，家长要肯定孩子对角色的喜好，借助榜样的力量教育孩子，鼓励孩子向偶像——孙悟空学习。假如茂茂不好好吃饭，可以告诉他，孙悟空是因为好好吃饭才长得身强力壮，才能一个跟头翻十万八千里打败妖怪的，你要当孙悟空就得好好吃饭啊。一般来讲，孩子都会按照父母说的做。

重点回顾

4 岁的孩子进入身份确认敏感期，会关注偶像角色的服装、发饰、语言等并进行模仿，这是孩子回答“我是谁”的正常表现。家长首先要理解孩子这一行为背后的内心需要，适当满足他的身份模仿需求，然后正确引导孩子的模仿行为，让他知道偶像角色的哪些行为可以模仿，哪些不能模仿，并对孩子模仿的偶像角色进行把关。如果孩子过分沉溺于某一动画人物，可以跟孩子聊聊这个人物的故事，加深孩子对偶像多方面的了解，带孩子阅读更多经典作品，运用偶像的力量对他进行教育和习惯养成。

4 岁宝宝吃饭不愿意用筷子要调整吗？

典型情景

元元，4 岁 4 个月，正好升中班，老师跟小朋友们说吃饭要开始学习用筷子了。元元以前一直用勺子，还不会用筷子，她回家跟妈妈说要改用筷子。妈妈看着元元夹菜时艰难的样子，感到很困惑：为什么孩子上了中班一定要用筷子呢？

对照判断

想一想，对孩子使用筷子的问题，你是怎么做的呢？

表现	判断
❶ 孩子用勺子很熟练，好不容易能自己吃饭了，不强求他用筷子。	☐
❷ 吃饭时把勺子、筷子都放在饭桌上，希望孩子自觉学习用筷子。	☐
❸ 听专家说用筷子能锻炼小肌肉，吃饭时把勺子收掉，要求孩子必须用筷子。	☐
❹ 在孩子好奇地跟着大人学用筷子、不小心夹掉了食物时，斥责孩子，说他“笨”。	☐
❺ 随孩子的意愿，他愿用什么就用什么，只要把饭吃完就行了。	☐
❻ 一开始手把手教孩子用筷子，后来发现吃饭太慢了，索性还让他用勺子。	☐
❼ 吃饭时给孩子准备一双他专属的筷子，激发他的好奇心和模仿欲，逐步学会用筷子。	☐

如果你勾选了除最后一项之外的选项，说明你对 4 岁孩子的小肌肉和动

作发展还不了解。请你耐心阅读以下内容。

关键知识

用筷子夹东西看起来很简单，实则牵动手腕、手指等部位的 30 多个大小关节和上臂、前臂等处的 50 多条肌肉，是一个非常复杂的动作。

3 岁之前，孩子处在手部发育敏感期，手部感受力和协调能力发展迅速，但孩子的小肌肉没有发育成熟，精细动作没有完全发展，容易拿不稳筷子而产生挫败感。4 岁之后，孩子的手部肌肉发育基本成熟，手和手腕配合、肩和臂配合以及手眼配合都达到了一定程度，是学习使用筷子的最佳年龄。

《3 ～ 6 岁儿童学习与发展指南》（下文简称《指南》）建议儿童手部行为标准为：4 ～ 5 岁会用筷子吃饭。在幼儿园，从中班开始，为孩子提供的餐具也以筷子为主，这不仅能锻炼孩子手部的精细动作，还能促进视觉发育，提高大脑控制力，为进入小学后的书写打下基础。因此，如果孩子到了 4 岁还不愿意用筷子吃饭，家长一定要采取措施进行调整。

目标 3　手的动作灵活协调

3 ～ 4 岁	4 ～ 5 岁	5 ～ 6 岁
1. 能用笔涂涂画画。 2. 能熟练地用勺子吃饭。 3. 能用剪刀沿直线剪，边线基本吻合。	1. 能沿边线较直地画出简单图形，或能将边线基本对齐地折纸。 2. 会用筷子吃饭。 3. 能沿轮廓线剪出由直线构成的简单图形，边线吻合。	1. 能根据需要画出图形，线条基本平滑。 2. 能熟练使用筷子。 3. 能沿轮廓线剪出由曲线构成的简单图形，边线吻合且平滑。 4. 能使用简单的劳动工具或用具。

建议方法

如果 4 岁的孩子还不会用筷子吃饭，家长要抓住时机进行训练。用筷子吃饭能促进孩子精细动作发展，为掌握正确书写姿势奠定良好的基础。

选材要合适

让孩子学习用筷子要循序渐进。最初可给孩子准备一双专用筷子，以稍短、细圆的木筷或竹筷为宜，材质轻巧、没有太多油漆（有摩擦力）且用起来合手，方便孩子夹取食物。如果筷子装饰有卡通形象，让孩子爱不释手，就更好了。在学习过程中，可以让孩子使用儿童辅助筷和配套餐具，但不强求，也不要用太长时间，要顺其自然地过渡。尽量不使用大人用的筷子，大人的筷子又重又长，不适合孩子的小手，他用起来手指使不上力，不容易夹到食物，易造成挫败感。

在游戏中练习

生活中多和孩子玩手指游戏、夹东西游戏，多做手工活动，多提供参与家务劳动、使用家常工具的机会，促进孩子手指灵活、手脑协调。可以先让孩子用筷子夹小绒球，然后夹带壳的花生，再夹小玻璃球或豆子，从一个盘子移到另一个盘子，边夹边数数，不仅能提高孩子手眼协调能力，还能让孩子掌握数的概念，培养他的专注力。如果孩子玩厌了，还可以玩剪纸、串珠、橡皮泥等手工游戏，促进手部精细动作发展。也可以让孩子帮助洗碗、择菜、剥水果、做面食，这样也可以促进手部和上肢的协调发展。如果孩子夹小玻璃球或豆子非常成功，用筷子吃饭一般就不成问题了。

示范很重要

在家里吃饭时，大人尽可能都用筷子，可以给孩子演示一下用筷子把食物送入口中的慢动作，让孩子觉得好玩又有趣，营造用筷子吃饭的氛围。拿筷子是个技术活儿，一开始不要强求孩子用筷子，而是给他示范正确的姿势：对齐筷子，用拇指、食指、中指夹住一根，虎口和无名指压住另一根（见下图）。

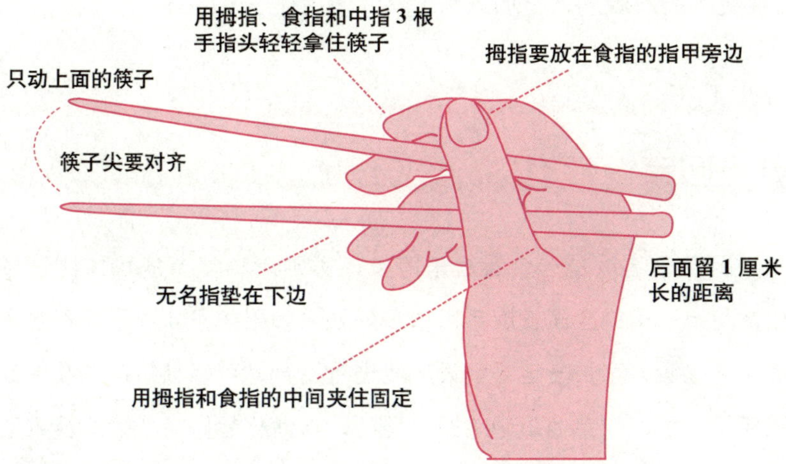

如果孩子自然而然地开始用筷子了，尽管姿势不太准确，家长也不要用过多的语言去纠正他的动作，因为一些表述孩子不能完全理解的话，会给他造成困扰。家长可以多给他示范几遍，或者手把手地纠正他的动作，允许他慢慢摸索和适应。

鼓励是法宝

用筷子对孩子来说是新鲜的体验，他会表现出一定的渴望，如盯着大人拿筷子的动作，不断用筷子尝试夹菜等。这时要注意引导孩子先夹大块、不易滑落的东西，成功时给予鼓励，肯定他的进步，激发他继续用筷子的欲望和信心。如果孩子因夹不好菜而摔筷子或把盘子里的菜弄得乱糟糟时，家长千万不要责备，而要用善意的语言关心和鼓励他；不要强迫他练习夹不容易夹起来的食物，要抓住他感兴趣的点去引导。只要坚持练习，孩子很快就会愿意用筷子了。

转换成就感

比使用筷子更有挑战的是使用画笔或铅笔，在孩子练习使用筷子的过程中，家长还可以与孩子一起练习绘画和前书写。随着孩子画的画越来越丰富，书写越来越精细，他的精细动作和思维都在发展，孩子能从自己的作品中体会到更大的成就感，更加有利于熟练使用筷子。

重点回顾

用筷子吃饭是一个看起来简单，实则十分复杂的机体协调过程，能给孩子的全面发展带来很多好处。如果孩子 4 岁了还不愿意用筷子吃饭，家长一定要创设环境进行引导。可以从给孩子准备专用筷子入手，教会他正确的握筷姿势，与他一起做游戏锻炼精细动作，当他夹菜成功时要进行肯定和鼓励，通过练习绘画和前书写发展精细动作和手眼协调能力，为孩子的生活自理和入学书写做好准备。

如何与幼儿园老师积极沟通？

典型情景

灿灿，4岁多，最近总找各种理由不去幼儿园。妈妈想问问老师是怎么回事儿，突然想起灿灿上小班时，自己与老师沟通不愉快的场景。那次灿灿说吃午饭时老师不给他吃肉，妈妈找老师理论过一次，最后也没弄清到底是不是灿灿说了谎，只能给灿灿换了幼儿园。妈妈很担心，如果这次再沟通不畅，怎么办呢？怎样才能与幼儿园老师积极沟通呢？

对照判断

想一想，你平时是怎么与幼儿园老师沟通的呢？

表现	判断
❶ 随时随地给老师发微信，如果老师没立即回复就给他打电话。	□
❷ 老师会把要求做的事发到班级微信群里，所以没有特殊的状况从不主动找老师沟通。	□
❸ 平时从不主动找老师沟通，一旦发现问题就直接找园长。	□
❹ 自己工作忙、事情多，孩子的接送、家园沟通一直由家中的老人完成，自己从不与老师沟通。	□
❺ 平时的沟通都由家中的老人完成，自己偶尔参加一次开放日活动或家长会。	□
❻ 孩子还小，只要没受到什么伤害，不需要跟老师沟通。	□

如果你勾选了上述跟幼儿园老师沟通的行为，说明你对家园共育的认识还不够。

关键知识

学龄前儿童身心发育都不完善，记忆和语言表达能力都处在发展过程中，需要家长和老师积极沟通、密切配合。家长要积极了解幼儿园的教育目标、教育内容、教育方法等，明白幼儿的学习以生活和游戏为主，是“玩中学、做中学、体验中学”的，既不能超前教育，也不要滞后不管，家园教育的一致性对孩子发展非常重要。家长通过沟通了解学龄前儿童的发展特点、教育规律，以及幼儿园的教育活动，不仅有助于有效开展家庭教育，更有助于跟着老师的节奏管教孩子，促进孩子更好发展。所以，家长要积极主动地抽出时间，用合适的方式，加强与幼儿园老师的沟通。

建议方法

平时常沟通，信任是前提

幼儿时期孩子语言表达能力有限，家长与老师的沟通显得特别重要。家长要注重平时的沟通，经常跟老师交换意见，而不是孩子出现严重问题时再去找老师。因为老师通常要面对 30 名左右的孩子，家长需把握好沟通的时间和方式。接送孩子时是一个较好的选择。特别是下午离园孩子全被接走后，老师的情绪比较放松，沟通容易深入。沟通的话题可以从孩子的一日生活表现开始，也可以从他在家的某个特殊情况谈起，家长要认真倾听，分析对比，适时对老师表示感谢。

随着现代通信技术的发达，微信也是一种不错的方式。家长可以把孩子在家的点滴惊喜、疑惑问题等通过微信发送给老师，等待老师的回复。遇到复杂的问题，家长当然也可以电话沟通。所有沟通的前提，是家长要给予老师应有的信任。幼儿在家与在幼儿园的表现很容易不一致，家长切忌偏听偏信孩子的言语或行为，以免对老师产生偏见。

要事提前约，多换位思考

幼儿园老师带班与中小学老师不一样，基本一整天都要待在活动室，一般也不被允许看手机，带班之外还要进行业务学习、教研、课题研究、备课等许多工作。所以，如果家长遇到比较严重的问题，希望单独与老师进行较长时间的沟通时，最好发信息提前预约，告诉老师想沟通什么事情，大约需要多久，让老师提前做些准备，这样沟通效果会好很多。家长要多换位思考：自己带一个孩子都会手忙脚乱，而老师负责的是一大群孩子，偶尔有一些工作疏漏是情有可原的，只要不伤害到孩子，不影响孩子成长，没必要揪着不放，要了解老师的需求，体谅老师的不易，积极配合他们的工作，让老师有更大的空间和更多的精力照护和教育好孩子。如果老师出现了比较严重的问题，家长则要及时、当面沟通，必要时找园领导一起解决。

参加开放日，有活动多支持

家长与老师教育的一致性，能使幼儿教育事半功倍。家长除了积极参加幼儿园安排的家园共育讲座外，还要多参加幼儿园的家长会、开放日等活动。幼儿园敞开大门，把幼儿的学习与活动全方位展示在家长面前，不仅是家长了解幼儿园最直观的途径，更是让家长看到孩子的发展情况，了解幼儿学习方式和特点的重要渠道。家长在活动中要多观察、多学习，不仅了解自己孩子的学习与生活状况，还能与老师、其他家长沟通交流。同时，出于家园共育需要，老师时常会给孩子布置一些亲子活动和家庭任务，家长也要积极参与和支持。平时积累了交流的素材，家长自然更容易与老师有效沟通。

不靠祖辈代，真诚解难题

现代社会，很多父母无暇顾及孩子，照护任务自然落到祖辈肩上，但与幼儿园老师沟通，最适宜、最重要的人选仍然是父母。一般情况下，祖辈因为年龄和所经历时代不同的缘故，教育理念和方法相对滞后，且多数护犊心切，沟通时容易偏执、急躁，出现矛盾。所以，父母无论多忙，都要把孩子的事情作为头等大事，平时多了解孩子的情况和问题，遇到孩子间拌嘴、打架等难题，真诚与老师沟通，在尊重老师的处理方法的基础上提出自己的意见，不追求老师厚爱或偏袒自家孩子，避免矛盾升级，给孩子创造宽容、公平、有序的成长环境。

重点回顾

学龄前儿童各方面发育都不成熟，不能单独处理自己的事情，家长积极与老师沟通显得尤为重要。家长要在信任老师的前提下，利用接送时间或用微信加强与老师的沟通，通过经常参与幼儿园组织的各种活动，加深对幼儿园教育的了解。有问题时家长要以找老师直接沟通为主，而不是让祖辈代替去找老师沟通。如果有特殊情况不得不与老师长时间单独交谈，要提前与老师预约时间。要多换位思考，理解老师的工作任务和压力，宽容老师的非原则性过失，了解老师的需求，配合老师解决问题。只有家园方向一致、方法得当、携手共育，才能取得最好的教育效果。

亲子沟通与有效互动

孩子越来越古灵精怪了，追着妈妈问“我从哪里来”“为什么我是女孩”；承诺要自己喂养的宠物，一周之后再就不见行动了；开始对科学现象感兴趣，想知道为什么树叶会掉下来，小蝌蚪是怎么变成青蛙的；动不动吵着要吃冰激凌，看到玩具都想买回家；玩游戏时不断给妈妈设定新的游戏规则。面对孩子稀奇古怪的问题和一些无理要求，怎么跟他沟通，又怎么陪他玩游戏呢？

孩子问“我从哪里来”时该怎么回答？

典型情景

妞妞，4岁5个月，最近老问：“妈妈，我是从哪里来的？”“为什么妈妈能生孩子？”“为什么我是女孩？”面对孩子的追问，妈妈有些不知所措。如实相告吧，感觉有些尴尬；用谎话欺骗孩子吧，又觉得不对。妈妈到底该怎么回答妞妞的问题呢？

对照判断

看一看，你的孩子有以下行为和反应吗？

表现	判断
❶ 关注自己从哪里来，反复追问与出生相关的问题。	□
❷ 关注男女身体的差异以及出生的过程。	□
❸ 关注男女外表的不同，如着装、发型、语言等。	□
❹ 关注为什么妈妈能生孩子，爸爸不能。	□

面对孩子追问与出生和性别相关的问题，你是怎么回答的呢？

表现	判断
❶ 用“你还小，不该问的别问”等类似语言拒绝回答。	□
❷ 用“捡来的”“充话费送的”等说辞搪塞孩子。	□
❸ 告诉孩子问这种问题很丢人，“别瞎问，羞不羞！”	□
❹ 给孩子详细而没有感情色彩地介绍性知识和他出生的过程。	□
❺ 给孩子阅读相关绘本，让他自己领悟出生和性别的差异。	□

如果你勾选了最后一项之外的选项，说明你还不知道怎样跟学龄前儿童沟通出生和性别问题。请你耐心阅读以下内容。

关键知识

4 岁的孩子走进“追问出生敏感期”，会关心自己从哪里来、怎么来的、如何长大等问题。他会冷不丁地向父母提出这些问题，还会一遍又一遍地反复追问。其实，这样的追问不仅指向性教育，更指向生命教育和哲学教育，会关系到孩子如何看待自己，以及如何看待自己与世界的关系。家长要本着科学的态度，把出生的事情和简单的性知识给孩子讲清楚，给孩子温暖的、客观的回答，让孩子感受到父母的爱。不要用“垃圾桶里捡来的”“充话费送的”等说辞搪塞孩子。4 岁孩子处在他律道德阶段，他相信家长的权威，会把父母的回答当真，认为自己真的是那样出生的，如自己是父母从垃圾桶里捡来的。这时孩子一般的反应是反驳家长，说爸爸妈妈骗人，甚至会大声哭泣，因为他认为真如爸爸妈妈所说的那样的话，他就不属于这个家庭，会丧失之前已经形成的归属感，给心灵带来巨大的压力和失落感。

建议方法

家长在回答孩子的出生问题时要懂一些基本原则和方法。

不拒绝、不逃避，科学客观地回答

当孩子追问自己是怎么来的相关话题时，家长首先要重视，明白这不单是一个生理问题，更是一个哲学问题。孩子提出这些问题时，证明他有了关于生命的思索，家长不要简单粗暴地搪塞孩子，更不能禁止孩子提问、贴上羞耻之类的标签。要克服传统观念带来的难为情等心理障碍，给孩子营造"所有问题都会被倾听、被回应"的感觉，然后客观如实地回答。比如可以说："爸爸和妈妈很相爱，所以就结婚了，爸爸把一颗爱的种子放进了妈妈的肚子里，这颗种子在妈妈肚子里长了9个月，就长成了你，然后妈妈在医院生下了你。"如果孩子不继续追问，父母的回答适可而止，讲解过多会让孩子陷入无法理解的混乱中。如果孩子继续追问，可以给他讲一讲妈妈孕育他的艰辛和出生的过程，让他更爱妈妈。

少讲性、多讲情，让孩子感受家庭温暖

孩子的注意力非常容易转移，给孩子讲完出生后，可以跟他谈谈最基本的性别特征，让孩子了解自己的私密处，告诉他私密处不能随便让其他人碰，让他学会更好地保护自己；可以跟他一起照照镜子，找一找他什么地方像爸爸、什么地方像妈妈，让他知道一家人的血缘亲情与血脉传承；还可以给他讲一讲他姓名的来历、家长的期待与家庭的变迁，以及他给家庭带来的幸福感，让孩子感受生命的价值与家庭的温暖。

读绘本、习知识，让孩子自己理解领悟

绘本是一种非常好的工具。家长可以找来绘本，让孩子在阅读中了解

相关知识。如《小威向前冲》《爸妈怎么有了我》《妈妈成为妈妈的那一天》《我从哪里来》《妈妈下了一个蛋》等绘本，从不同的角度讲了卵子与精子结合的过程，讲了受孕、孕育和出生的过程，讲了父母的心理变化等，既回答了孩子心中的问题，也解除了父母不知如何回答的尴尬。

引导孩子树立正确的性别意识，开开心心接纳自己

此阶段的孩子，在追问中会发现男孩女孩、男人女人的诸多不同。例如：妈妈可以母乳喂养我，爸爸不可以；妈妈生了我，爸爸不可以；妈妈穿裙子、留长发，爸爸穿裤子、留短发……出生敏感期与性别敏感期一脉相承，这时父母还要有意识地购买适合孩子性别的玩具，给他穿适合性别的衣服，帮助建立最基本的性别概念，让他在大人的期望、暗示和引导中逐渐树立正确的性别意识，开开心心接纳自己的性别。

重点回顾

4 岁的孩子进入“追问出生敏感期”。面对这个敏感的话题，父母很容易采取拒绝、搪塞等不恰当的方式回应，这种做法会影响孩子心理的健康发展。家长要本着科学客观的态度，告诉孩子出生的过程和客观事实，但这种讲述不宜过细，能满足孩子的好奇心即可。然后，可采用转移注意力的方式，把孩子关注的重点从出生转移到保护自己、感受妈妈的辛苦及家庭温暖等方面。出生敏感期与性别敏感期一脉相承，家长还要注意引导孩子树立正确的性别意识，开心接纳自己的性别。

孩子要求养的宠物他自己不管怎么办？

典型情景

毛毛，中班，特别喜欢小猫。他缠了妈妈很久说要养一只小猫，向妈妈承诺自己会给小猫喂食、洗澡、清理粪便等，让妈妈不用操心。可是，小猫进家后，毛毛只管和小猫玩，以前说的那些照顾猫的承诺，完全抛到脑后了。面对这种情况，妈妈该怎么办呢？

对照判断

看一看，你的孩子有以下行为和反应吗？

表现	判断
❶ 养了一只小兔子，喜欢的时候玩一玩，不喜欢时就忘了。	□
❷ 对宠物的喜好是“朝三暮四”，买了这个又要那个，个个都不养。	□
❸ 对养的小猫咪仅有三天的热度，三天过后只管玩，不再照顾。	□
❹ 只喜欢给养的小狗喂食，其他照顾小狗的事儿一概不管。	□

孩子养了宠物又不照顾时，你是怎么做的呢？

表现	判断
❶ 翻旧账，把孩子曾经的承诺都说出来，数落孩子。	☐
❷ 孩子在照顾宠物时有失误，例如，把水洒在了地板上，会立即批评责骂他。	☐
❸ 无怨无悔、大包大揽，只要孩子开心就可以。	☐
❹ 不管孩子愿不愿意，每天督促他必须做照顾宠物的事。	☐
❺ 给孩子讲责任心的重要性，给他分配一些他爱干的活儿，让他担起照顾宠物的责任。	☐

如果你有选择前 4 项的倾向，说明你需要进一步了解如何处理与孩子养宠物相关的疑虑。

关键知识

孩子对小动物有一种天然的亲近感。北京师范大学心理学部一项调查显示，在有宠物的儿童家庭中，98.5% 的孩子表示喜欢宠物，85.3% 的孩子觉得宠物也爱他们。

在孩子心中，宠物是一个不会说话的亲人，萌宠可爱、忠实可靠、长久陪伴。4 岁的孩子可以把小动物看成和他一样平等的生命，能在养宠物的过程中学会观察，增长知识，培养责任感和爱心，还能感受生老病死，体会生命的过程。但是，如果孩子养了宠物自己不照顾，养宠物会变成家长的责任和“负担”。所以，在养宠物之前和养的过程中，要引导孩子做好充分的思想准备，学着照顾、尊重宠物，与宠物正确、融洽地相处。

建议方法

关于如何让孩子养宠物，希望下面的建议对你有所帮助。

感受和体验，选择适宜的宠物

孩子提出养宠物后，先不急于购买，要先做好心理建设和思想准备。可以先带孩子去亲友家体验养宠物的感觉，去一些公园经工作人员允许后投喂圈养的动物，查阅养宠物的资料等，与孩子一起了解宠物的特点及需要做哪些事情。在对宠物充分了解后，根据孩子的年龄与喜好，比较客观地选择适合孩子照顾的宠物。通常而言，鱼类、龟类适合年龄较小的孩子，养起来比较省工夫，是养宠物新手的最好开始；年龄稍大的孩子可以养兔子、鼠类，它们聪明、体积小，不需要太多照顾却能安静地陪伴孩子；活泼外向、能力强的孩子才能养鸡、鸭、猫、狗这些会叫和爱跑的动物，它们会成为孩子不错的伙伴。

约法三章，符合孩子的生活起居

选定了养宠物的方向后，在购买宠物之前，父母还要给孩子讲清宠物的照护需求，并“约法三章”。如养小鱼、小龟需要喂食和换水，喂食要孩子来做；养小鸡、小鸭需要打扫笼子，孩子要一起做等。并把这些约定用图画和孩子认识的文字标识出来，贴在客厅或孩子的房间里显眼的位置，如果孩子表示能做到，再考虑购买。家长要注意，给孩子“约法三章”时，要符合他的年龄特点和日常生活，支持他完成对宠物的照顾，让他获得成就感。

查找原因，与孩子共同照顾

如果孩子要求养宠物、答应照顾却又不管，家长首先要查找原因，看看是照顾的工作量太大，还是孩子的时间不适合，抑或孩子在照顾过程中遇到了挫折等，并据此提供必要的支持。最好的办法是给孩子讲清责任，告诉他宠物是一条生命，把孩子能做、愿做的照护工作交给他做，和他一起做难度大的工作。比如，把喂食、遛弯、梳毛等交给孩子，而备食、洗澡、清扫、换水等工作，则可以先给孩子示范，后跟孩子一起做。如果孩子忘记了，家长要提醒或指导他做一张时间表，写上宠物照料的事项及责任分工，完成一项记录一下。从易到难，慢慢让孩子学会自己完成大部分事项，养成独自照顾宠物的好习惯。

拓展学习，接受爱与生命教育

养宠物是一个科学的过程，需要尊重规律。动物的生活环境、饮食习惯、运动习惯等，都要用科学方法去处理。在养护过程中，要引导孩子观察宠物每个生长阶段的特点，遇到问题要带着孩子一起查找资料，拓展知识面，培养他的科学精神和责任担当。幼儿期的孩子存在泛灵心理，如果与同样“弱小”的宠物宝宝朝夕相处、时时陪伴，他会从内心生发出爱，对照顾小动物就有了热情和责任心，他就不会对宠物不管不问了。而且，宠物的生长变化一般比较快，孩子可以在短时间内看到一个生命的变化过程，这就相当于接受一次生命教育。当他目睹了第一个宠物的离开，相信他会对第二个宠物更加关怀。

重点回顾

养宠物对孩子的身心发展是一件有意义的事情。如果家庭条件合适，可以允许4岁的孩子养宠物。当孩子提出想养宠物时，可以先带他进行一些体验和认识，选择适合家庭环境和符合他个性特点的宠物，跟他“约法三章”，培养他由易到难逐步学会照顾宠物。如果孩子养了宠物却不管，不要讽刺、责怪和打骂，可以查找原因，与孩子讲清责任，然后分工合作，共同照顾，引导孩子学习关于宠物的更多知识，激发孩子内心的热情、爱和责任感，与孩子一起感受生命的历程，培养他自觉照顾宠物的意识和习惯。

如何用延迟满足解决孩子的“无理”要求？

典型情景

一一，快五岁了，性子有点急，看到喜欢吃的就得马上吃到嘴里，看到喜欢玩的就得立马拿到手里，否则就撒泼打滚、哭闹不止。而且他吃东西时，总是很快就吃得一干二净，甚至每次家里吃饺子，妈妈去厨房煮的时候，都要暗示爸爸带一一下楼去玩，等饺子不烫了再回家。一一的爸爸妈妈这样做对吗？如果是你，该怎么做呢？

对照判断

看一看，你的孩子有以下行为和反应吗？

表现	判断
❶ 孩子对喜欢吃的东西，一分钟也等不了。	□
❷ 孩子看到喜欢的玩具，不管家里类似的有多少，都要立即买回来。	□
❸ 给孩子他喜欢吃的糖果，他每次都一口气吃完，放不住。	□
❹ 说好获得 10 朵小红花就带孩子去一次游乐园，但孩子从来不管，想去游乐园就哭闹。	□

面对孩子的急性子和“无理”要求，你是怎么做的呢？

表现	判断
❶ 一味满足，避免孩子出现负面情绪。	□
❷ 打骂教育，让孩子承诺下次不这样了。	□
❸ 给孩子反复讲道理，试图说服孩子。	□
❹ 置之不理，随便孩子哭闹或撒泼。	□
❺ 想办法延迟满足孩子的需求，让他慢慢学会等待。	□

如果你勾选了以上前 4 项内容，则你需要了解如何满足孩子，才能培养他有更好的意志和品格。

关键知识

生活中有一种甘愿为更有价值的长远结果而放弃即时满足的选择，叫“延迟满足”。面对孩子的“无理”要求，一味满足、置之不理或打骂讲道理，都不是最好的教育方式。对于孩子的合理要求，家长可以尝试让他逐步接受延迟满足。这种方法不是简单让孩子学会等待，也不是一味压制孩子的欲望，而是让孩子学会在没有管教的情况下，自觉抵制诱惑和冲动，学会自我控制和自我调节，忍耐之后再获得满足。

20 世纪 60 年代，美国斯坦福大学心理学教授沃尔特·米歇尔设计的“延迟满足”实验充分说明：延迟满足对培养孩子的自制力有重要价值，对孩子以后的人生获得成就也有重要作用。4 岁的孩子前额皮质发育基本完善，具有了在一定时间内控制自己情绪和行为的能力，也就是具备了延迟满足能力，是延迟满足教育的最佳年龄段，父母要注意在生活中教会孩子延迟满足，提升他的自控力。

建议方法

教育孩子学会延迟满足，是一门有技巧、讲方法的学问，家长需要了解它的内涵和秘诀。

理解延迟满足的秘诀，不在于“延迟”而在于“满足”

延迟满足来源于斯坦福大学的一个实验。研究人员找来数十名儿童，让他们每人单独待在一个小房间里，桌上的托盘里有他们爱吃的棉花糖。研究人员告诉他们可以马上吃掉棉花糖，或者等研究人员回来时再吃，这时可以再得到一颗作为奖励的棉花糖。结果，大多数孩子坚持不到 3 分钟就吃掉了棉花糖，大约 1/3 的孩子成功延迟了吃棉花糖的欲望，等研究人员回来兑现了奖励。数年后，研究人员发现延迟满足的孩子更有自信心和目标感，更能应对生活和工作中的压力和挫折，也更容易成功。所以，延迟满足对培养孩子的自我控制能力非常重要，是一项需要从小培养的能力。

在延迟满足培养过程中，面对孩子的“无理”需求，家长要做的不是控制孩子，让他“延迟”，而是理解他，让他知道等待后能得到更好的满足，体验等待的价值。所以，如果只有延迟没有满足，孩子是学不会延迟满足的。

在日常生活中，从易到难实现延迟满足教育

关于延迟满足的教育，可以在生活中逐步完成。例如，孩子提出要求，想让妈妈一起搭积木，妈妈可以跟孩子说：“等一分钟，妈妈马上来。”时间一到，马上出现在孩子身边，慢慢地将时间变长，可以长到十几分钟。再如，当孩子想吃糖果时，可以将延迟的时间跨度增大，说“晚饭后再吃”“明天早上再吃”。孩子要求买某个玩具，跟他说：再想一想，如果真的

喜欢，过生日的时候再买。如果习惯了这样的方式，家长也一直守信，孩子就能不断挑战自己，学会延迟满足。

艺术处理，延迟满足的除了物质还有情感

延迟满足是处理如何奖励孩子和制止孩子哭闹很好的方法。在奖励方面，可以把对孩子的奖励积累起来。对于孩子的每次进步都可以奖一朵小花或一颗星星，积累到一定数量后，就可以给他一个最大的满足。这样孩子习惯了在等待中获得满足，就会主动控制自己的情绪和行为，抵挡住眼前的小诱惑，实现更长远的目标和更大的价值。在处理孩子哭闹时，家长要冷静又充满爱地对待孩子。在延迟满足过程中，有时会遇到孩子哭闹撒泼，这时家长可以把孩子转移到一个安全、安静的地方，自己坐在能看到但又不打扰孩子的地方，冷静等待而又不过分关注，等孩子不哭不闹了，给他一个拥抱表示自己依然爱他，满足他的情感需求，跟他讲明白为什么不满足他的物质需求。

逐步过渡，从有条件的“忍耐”到无条件的“忍耐”

如本主题的典型情景中一一想吃饺子却一点也等不了，爸爸只能带他到楼下去玩，这是转移注意力的一种方式，虽然处理了问题但错失了教育机会。父母完全可以利用这个情境培养孩子的延迟满足能力，给一一讲清楚：“刚煮出的饺子烫，如果你能等到合适的温度再吃，晚上妈妈奖励你……”在一一能够等待后，逐渐过渡到无条件的延迟满足，即只告诉孩子饺子烫不能立即吃，让他克制自我欲望而耐心等待。之后，家长慢慢再扩大延迟满足的场景，如带孩子去超市，可事先告知孩子“没有付过钱的东西不能吃，到收银台付过钱后才能吃”，让孩子看见货架上琳琅满目的食品，学会自我控制。

重点回顾

4 岁的孩子前额皮质发育完善，已经具备延迟满足的能力。利用孩子的“无理”需求中的合理部分，来培养他的延迟满足能力十分重要，可以促进孩子学会忍耐和自我控制。培养延迟满足能力需要方法，家长要掌握培养的关键在于适时“满足”而不是“延迟”。家长可以选择适宜的教育情境，在生活中从易到难、循序渐进地培养孩子的延迟满足能力。比如，把兑现的奖励累积起来，冷静地对待孩子的哭闹，延迟孩子的物质满足时给他更多的情感关怀等，让孩子逐渐从有条件的“忍耐”过渡到无条件的“忍耐”。

如何激发孩子对生活中的科学现象感兴趣？

典型情景

甜甜，快5岁了，心里有无数个“为什么”，总是不停地问来问去。看见天上的小鸟会问“为什么它能在天空飞翔”，看见飘落的雪花会问“为什么雪是白色的”……有时还在家里做肥皂水或者做让树叶漂浮在水上的“科学实验”。妈妈能回答的问题她都会给甜甜一一解释，可很多打破砂锅问到底的问题，让妈妈着实无法招架。那些所谓的“科学实验”，总把家里弄得一塌糊涂。幼儿园老师说，要抓住孩子好奇、好问的时机，激发他对生活中科学现象探究的兴趣。那么，家长应该怎么做呢？

对照判断

看一看，你的孩子有以下行为和反应吗？

表现	判断
❶ 乐此不疲地问“十万个为什么”，问了一遍又一遍。	□
❷ 每天有无数个“为什么”，还要打破砂锅问到底。	□
❸ 每天会问无数个问题，但对科学类玩具、图书兴趣不大。	□
❹ 问的问题数量不多，但一个问题会连续不断地问。	□
❺ 兴致勃勃地用肥皂水、玩具等做所谓的“科学实验”，把家里弄得乱糟糟的。	□

面对孩子的各种好奇问题和科学探索行为，你是怎么想和怎么做的呢？

表现	判断
❶ 没想过如何培养孩子的科学兴趣。	☐
❷ 常用一两句话搪塞过去，觉得孩子还很小，离科学还很远呢。	☐
❸ 尽自己所能回答，回答不上来的让他自己去找答案，培养他的科学精神。	☐
❹ 每次用固定的模式，如“长大了你自然就知道了”来回答。	☐
❺ 看孩子总是把家里弄得乱七八糟，禁止他做“科学实验”。	☐

如果你勾选了第 3 项，说明你已经在培养孩子的科学探索精神方面走在了前列，请继续加油。

从小培养孩子对科学感兴趣非常重要，家长需要了解相关知识和内容。

关键知识

科学探究是幼儿阶段学习的五大领域之一，对激发孩子的科学兴趣十分重要。4 岁孩子的逻辑思维能力开始持续发展，进入语言、数字、区分和比较等与科学研究关系较近的敏感期。在充分接触有形世界后，他的智力逐步上升，对问“为什么”和抽象符号的含义产生了兴趣，开始临摹数字、字母，能够理解简单的数字，对数量概念如长短、多少等有了基本认识，对因果关系好奇，是培养科学探究精神、打好数学基础的重要时期。家长要激发和保护孩子的好奇心，带着孩子一起探究、观察、游戏、查阅、参观等，用多种活动支持孩子的科学探究，激发他探究生活中科学现象的兴趣。

建议方法

培养孩子的科学兴趣，要结合孩子的兴趣，根据孩子的发展特征，从生活入手，与生活相关联。

善待孩子的追问，让孩子愿提问、敢提问

4 岁的孩子会经常追问“十万个为什么”，这说明他在思考身边的世界。如果家长直接给出答案，孩子就容易形成“有问题问大人”的习惯，不主动思考与探索。当孩子问“为什么”时家长在大多数情况下可以用启发式回应。

❶ 肯定他的好奇心和探索欲。如说：“哇，你太厉害了，这么小就注意到这一点，思考得好深入啊！”

❷ 帮助孩子一起找答案。如孩子问：“树叶为什么会掉下来？”不必急着回答，可以带着孩子借助电脑、阅读相关书籍、观察树叶，帮他建立一种思维方式，即只要去探索，就能找到答案，帮助他更好地发展逻辑思维。

创设教育环境，抓住孩子的敏感期需求

生活里蕴藏着很多科学教育的契机，家长可以利用孩子的思维特点及对语言、数字、符号的敏感性，培养他对科学现象探究的兴趣：

❶ 在种植、饲养中发现科学。与孩子一起购买种子或小动物，然后浇水、喂食、打扫卫生，观察动植物一年四季的变化，在劳动和体验中获得真知，培养探索欲望。

❷ 开展观察和实验活动，直接进行科学启蒙。除了查阅资料之外，家长还可以带着孩子做观察记录、做实验等，鼓励孩子主动积极地观察、思考与探究，自己解决问题。

参观展馆开阔视野，激发科学探究兴趣

植物园、动物园、博物馆、科技馆、天文馆等场所是培育孩子科学探究能力的土壤，家长可以带着孩子多去体验，开阔眼界，提升思维。

❶ 提前做功课。场馆的路线、特征，主要看哪个展览，展品蕴含的知识和故事……这些都要提前做好准备功课。

❷ 参观时积极互动。到了场馆孩子大多会感到好奇和激动，参观时切忌走马观花，要有重点地观看，不要一次看得太多，要与孩子积极互动，激发其思考能力和科学精神，必要时做好适当记录。

❸ 结束后复盘。结束后与孩子一起讨论今天的收获并记录下来，或进一步查找资料以了解更多的信息。

阅读科学类读物，丰富对科学的认知

科学类的图书常常兼具互动性，很适合幼儿阅读，如《我们一起捉昆虫》《如果树会说话》《毛毛虫的日记》等。4 岁后，要多为孩子选购他喜欢的科学类图书。条件允许的话，可以在家里设置科学阅读角，与孩子一起阅读或让孩子随时翻阅，感受科学魅力，激发科学兴趣。同时，鼓励孩子把所看、所思、所想记录下来，自制科学小书籍，如孩子种植了蒜苗，可以让他绘制蒜苗生长记录卡，最后帮他装订起来，这是让孩子感受科学探究过程的重要环节。

重点回顾

科学兴趣是幼儿时期要培养的重要内容之一。每个孩子天生都有好奇心，要利用孩子的“十万个为什么”和逻辑思维发展期，激发他的科学探究能力。家长要肯定孩子的提问，让他愿问、敢问，然后抓住孩子的敏感期，创设生活化教育环境，并经常带孩子到大自然、科学馆、博物馆，开阔视野，深化认知，通过复盘总结、自制科学小书籍等方式，在操作、体验、游戏、阅读、记录中感受科学魅力，培养探究精神。

如何与孩子一起玩角色扮演游戏？

典型情景

琪琪，4 岁 8 个月，在家与妈妈一起玩白雪公主游戏，她要求妈妈扮演老巫婆。妈妈披着巫婆的衣服，却不时地接电话、看微信，虽然台词不多，却总是要等到被琪琪催着才会配合说。没一会儿，琪琪悻悻地说："算了，没意思，不玩了。"妈妈应了一声"也好"，结束游戏就去忙工作了。接下来的时间，琪琪都不怎么开心，晚饭也不好好吃，还向妈妈抗议："您什么时候能好好陪我玩游戏呢？"妈妈突然意识到，自己的表现让琪琪不高兴了，那自己到底该怎么做呢？

对照判断

看一看，孩子邀请你一起游戏时，你是怎样表现的呢？

表现	判断
❶ 打扮成游戏角色的样子，但不停地忙其他事，惹得孩子不断提醒："妈妈，该你了！"	□
❷ 积极参与孩子的游戏，一旦发现游戏存在逻辑问题，就停下来进行指导和建议，弄得孩子总会说"没意思，不玩了"。	□
❸ 觉得小孩子过家家没什么意思，没有沉下心来进入游戏情境中，多是应付了事，有时会弄得孩子不开心。	□
❹ 总以大人的身份参与，居高临下指挥孩子玩游戏，自己却进入不了角色。	□

如果你与孩子一起玩游戏时有上述表现，你还需要进一步学习如何陪孩

子玩游戏的知识。

关键知识

游戏是孩子学习、认知世界，接受教育的极佳方式。4 岁的孩子有了群体意识和对世界的初步感知，已逐步从平行游戏走向联合游戏、角色游戏阶段，有着丰富的想象力，喜欢和他人一起游戏，能遵守游戏规则。他们能从同伴身上学习，也能领导同伴游戏和接受同伴的领导，处在儿童游戏活动的黄金时期。家长作为孩子的游戏同伴，要认识到孩子的游戏特点，全身心投入游戏，平等地、深入情境地加入孩子的游戏，与孩子一起变身“游戏达人”，增加亲子关系的亲密程度，提升孩子的综合素质和能力。

建议方法

跟孩子一起游戏不是陪着孩子就行了，而是需要带着情感和关注一起进入游戏中，建议方法如下。

暂时忘了自己，全身心投入孩子的游戏中

做游戏时，父母不要应付孩子，更不要指挥孩子，要作为参加游戏的一员平等地去玩。父母要暂时忘记自己的成年人身份，用游戏情境中应有的表情、声音、动作来玩。

❶ 真心装扮。使用与游戏匹配的道具、服饰装扮自己。

❷ 入情入境。体会角色的身份和状态，尽量以角色的真实面目投入游戏。

❸ 平等对待。如果游戏有输赢，要像孩子一样在乎，隐藏对孩子的谦让，让孩子赢得真实生动。

与孩子置换角色，给予多种角色体验

表演游戏、角色游戏是 4 岁幼儿最喜欢的，也是他们发展交往能力的主要途径。游戏中，可以通过置换角色的方式，让孩子揣摩和观察，给他不同的角色体验。例如演《西游记》时，父母和孩子轮流扮演唐僧和孙悟空，让孩子观察大人扮演的唐僧和自己扮演的有什么不同，大人都用了什么方法去表现，有哪些表情、动作、眼神等，然后共同讨论怎样才能演得更好。通过角色置换游戏，孩子能慢慢学会换位思考，避免过于固执、执拗，在与人交往时会比较顺畅。

把指导和建议隐藏在游戏之中

游戏是对孩子最好的教育方式之一。父母可以把对孩子的指导和建议，通过一起玩游戏悄悄输送给他。如，在白雪公主游戏中，家长可以让孩子知道白雪公主早上早起并认真刷牙，晚上按时睡觉，白雪公主不挑食等，把对孩子的说教转化成游戏的语言和游戏中角色的行为。因为孩子扮演的角色大多是他感兴趣的，有些是他的偶像，他会不自觉模仿偶像的行为和做法。这样的教育了无痕迹，既教育了孩子，又不会挫伤孩子的游戏兴致，能达到较好的教育效果。

与孩子一起创造游戏

通过生活去创造游戏，是游戏的高阶思维。如果父母觉得跟 4 岁的孩子玩游戏比较单调，不如利用孩子最近生活中的情境，与他一起创造游戏。比如在参观完恐龙展后，和孩子一起玩“慈母龙受袭击”“三角龙与霸王龙大战”等情境游戏，随机创编游戏的语言和动作；跟刚读完《一家人》故事书的孩子，共同拿出一盒积木，分别扮演不同的角色，创编新的一家人的故事；如果孩子对《变形金刚》中的人物比较熟悉，可以和他创编新的变形金刚故事，并开展比拼功力的游戏等等。在孩子的生活世界里，有很多契机可

以创造游戏，父母要注意观察和倾听，一起与孩子想象、创编家庭游戏，助力孩子快乐成长。

重点回顾

4 ~ 5 岁是孩子游戏活动的黄金期，他从平行游戏逐步过渡到联合游戏，希望父母变身“游戏达人”，共同加入游戏之中。父母要调整角色和定位，暂时忘记自己的身份，全身心地沉浸到游戏中，利用孩子这个年龄段爱玩扮演游戏、角色游戏的特征，与他进行角色置换，通过不同角色体验培养换位思考能力，将教育指导孩子的内容或建议事项，转化为游戏中角色的语言和行为，让孩子自觉去理解和实施。另外，要树立游戏无处不在的意识，挖掘孩子生活中的契机，与孩子一起创编游戏，让孩子在游戏中感受快乐，实现发展。

促进孩子学习与交往

4岁孩子认知能力发展飞快，对空间、时间和数量的感知都比3岁时进步大。他讲故事的能力、写写画画的能力也越来越强，但他的性格特点越来越突出，经常会不喜欢班级的某个小朋友。对这样的孩子，家长怎么促进其成长和交往呢？

如何倾听孩子给自己讲故事？

典型情景

佳佳，中班下学期，突然特别喜欢给家人讲故事。她吃完饭就把爷爷奶奶、爸爸妈妈都组织起来，声情并茂地讲故事，今天是《白雪公主和七个小矮人》，明天讲《狼外婆》，讲的时候手舞足蹈，不停地笑甚至假装哭，讲到激动的地方还会流口水。但是，佳佳的故事总是重复，有时还牛头不对马嘴，听着实在无趣，如何才能耐心地倾听佳佳讲故事呢？

对照判断

看一看，你的孩子有以下行为和反应吗？

表现	判断
❶ 不管大人在干什么，硬要凑在旁边讲故事。	☐
❷ 要求大人正襟危坐，认真听他讲故事，一旦走神就会被他批评。	☐
❸ 不断重复讲同一个故事，讲的内容东拉西扯，听起来特别累。	☐
❹ 孩子讲的故事不太符合逻辑，有跳脱感。	☐

孩子讲故事时，你是怎么表现的呢？

表现	判断
❶ 敷衍了事，装模作样听一听，不用心。	□
❷ 发现故事的逻辑不对就打断孩子，指出不符合实际的地方。	□
❸ 纠正孩子的发音和动作，希望他像播音员一样一本正经地讲故事。	□
❹ 动员家里人一起来听孩子讲故事，给他肯定和鼓励。	□
❺ 加入孩子讲故事的行列中，跟他一起讲故事，激发孩子的语言表达能力。	□

如果你选择了第 4、第 5 项，说明理解孩子，你正在做一件对孩子终身发展有益的事。

关键知识

4 岁左右是儿童语言发展的里程碑，他已掌握 2000 个左右的词语，口语能力尤其独白语言能力快速发展，能用相对复杂的句子绘声绘色地讲故事，能比较清楚地表达身边发生的事情。如果孩子愿意给家人讲故事，不管他讲的逻辑是否符合现实、他讲的内容多么幼稚，抑或他重复讲了多少遍，请家人一定要耐心倾听，认真配合，表情专注，不随意打断且随时回应，让孩子得到应有的语言表达机会和成就感，这对孩子的语言能力、想象力、表现力的发展都有很大帮助。

建议方法

家长作为孩子的教养者，一定要学会做孩子最真诚的听众。

学会倾听，专心致志听孩子讲故事

在语言发展敏感期，孩子需要倾听。因为家人能给孩子最大的安全感，所以他讲故事的首选听众是家长。家长在孩子讲故事时最重要的就是要做到专心致志，不要在听的时候看手机、择菜、擦地，要尊重孩子，专心致志做一个好听众。听到精彩处，鼓掌喝彩；听到困惑处，满脸疑惑；听到痛心处，与孩子相互拥抱。家长学会了倾听，专心致志地听孩子讲故事，能增强孩子的信心，激发孩子的兴趣，促使他更积极地参与讲故事的活动。

设置睡前时间，鼓励孩子讲故事

如果家长平时工作比较忙，可以把睡前给孩子讲故事改成由孩子讲故事。在听的过程中，家长可以就故事的关键人物和关键环节向孩子提出问题，如“王子怎么样了”“森林的鲜花起到了什么作用”等。另外，可设置一些“悬疑”环节或转折情节，引导孩子思考和想象，并鼓励他讲出来，帮助孩子完成他的故事，提升他讲故事的能力。家长可以抓住五个问题：谁？在哪儿？想要干什么？发生了什么事儿？结局是什么？穿插着向孩子提问，引导他描述故事的发展和场景。

记录和改编孩子的故事，激发他讲故事的兴趣

倾听孩子讲故事，对孩子最大的尊重是认真，而记录并重复孩子讲的故事，是认真的具体表现。在孩子绘声绘色讲故事的过程中，家长不要干扰或打断，可以把要点记录下来，在孩子讲完后再简单分享，如“今天你给妈妈讲了……，故事的主要内容是……结局是……”。通过记录和复述，可以帮助提升孩子讲故事的水平和能力；就故事的结构和线索跟孩子进行讨论，可以延伸故事结局或调整故事情节，推动故事情节以另外的思路发展，进一步激发孩子的兴趣。

设置家庭故事时间，让讲故事成为家庭生活的重要部分

在孩子 4 岁左右的时候，家长可以根据家庭成员工作时间开辟“家庭故事时间”。在这个时间里，全家每人讲一个故事，每个人都是听众。家长将孩子关心的话题、期待孩子学习的优秀品质等融入故事中，慢慢地将家庭故事会转变为家庭读书会，鼓励孩子变换花样讲故事或创编故事，提升家庭文化水平，塑造良好家风，用家风家训文化感染和教育孩子。

重点回顾

讲故事是孩子语言能力和思维能力快速发展的集中表现，一般会持续半年以上。在这个阶段，家长应该抓住契机，认真倾听，积极引导，给孩子创造良好的讲故事环境和机会，如把睡前故事交给孩子来讲，设置家庭故事时间，通过记录和复述提升孩子讲故事的能力和水平，激发孩子的兴趣，并在听故事的过程中融入教育细节，发展孩子的想象力和表达能力、思维能力。

如何培养孩子爱运动的习惯？

典型情景

多多，4岁10个月，长得胖乎乎的。每次家园联系时，老师都提醒妈妈要带着多多常运动，养成运动的习惯。所以，妈妈开始带着多多晨跑；给多多买了旱冰鞋、滑板车；给多多报了游泳班、足球班、击剑班等。可每项运动都坚持不下来，不是多多说没意思，就是父母坚持不下去，该怎么办呢？

对照判断

看一看，你家孩子的运动状态是什么样的？

表现	判断
❶ 经常变换运动项目，结果哪一样都坚持不长久。	□
❷ 给孩子报了很多运动类的兴趣班，买了很多器具，但是孩子三天打鱼，两天晒网。	□
❸ 没有喜欢和坚持的运动项目，只喜欢玩耍。	□
❹ 害怕运动，一提到带他运动就想出各种理由拒绝。	□

想一想，面对孩子不爱运动的情况，你是如何处理的呢？

表现	判断
❶ 认为运动很重要，于是带他参加各种形式的运动。	□
❷ 给孩子报了好几种运动兴趣班，希望能发展出他喜欢的项目。	□
❸ 每天坚持带孩子运动，跑操、踢球、练跆拳道等，经常换花样，但每样都坚持得不好。	□
❹ 坚持带孩子做一种运动，即使他不喜欢也强行要他一起做，弄得孩子每天都不高兴。	□
❺ 给孩子规定每天运动的任务并监督他完成，为此孩子天天叫苦。	□

如果你勾选了上述选项，说明你对孩子在本年龄段的运动发展能力了解不够，还需要进一步关注和了解以下内容。

关键知识

李玫瑾教授曾说过："想让孩子更勇敢，4 岁就让他运动。" 4 岁左右的孩子体力变强了，协调性和精细动作能力基本发育完全，具备了成人的协调感和平衡感，可以学习跑、跳、投掷、体操和游泳了。4 岁也是各种习惯养成的关键期，家长要抓住 4 岁的有利时机，根据孩子的年龄段特征，观察他的兴趣爱好，选择合适的运动项目并坚持下去，如游泳、跳绳、舞蹈、跆拳道、跑步、骑车、体操等，帮助孩子养成终身受益的运动习惯。

建议方法

运动是一辈子的习惯，从 4 岁开始培养孩子运动，可以让他受益终身。

选择合适的运动项目，安排合理的运动量

4 岁的孩子还在成长发育中，家长不要按照自己的喜好或感觉给孩子选择运动项目，要根据他的身体素质、时间和兴趣爱好等综合选择。跑、跳、投掷、骑行、游泳、体操等不同项目可产生不同的运动效果。家长可以根据孩子需要提升的运动技能来选择，也可以根据孩子的兴趣来选择，但项目不能一下子太多，要由少到多、由易到难、由简入繁地适度增加，兼顾各种项目的运动特点，尽量让孩子得到全面锻炼。开始运动的时候，运动量不要太大，微微出汗即可，慢慢把握孩子的体能特点，逐渐延长时间，把运动量控制在孩子可以承受的范围内。

严格执行作息时间，培养生理规律

确定运动项目后，家长要帮助孩子安排比较科学的一日作息时间，尽量要求孩子在同一时间就寝和起床，在同一时间进行运动。一般情况下，不要因为天气、节日或其他因素轻易改变孩子的作息习惯，要帮助孩子培养健康的“生物钟”，养成良好的生活规律，从而养成良好的运动习惯。科学研究证明，规律的运动能促使大脑的海马体产生更多细胞，在大脑皮层建立固定的运动兴奋灶，让人的思维、感觉和反应都更加灵敏。

家长以身作则，陪孩子一起运动

榜样的力量是无穷的。对大多数家庭来说，让孩子养成运动习惯考验的更是家长。家长如能带头锻炼，在孩子退缩或偷懒时进行鼓励，或者与孩子进行运动比赛，更有利于孩子将运动坚持下来，逐渐养成习惯。相反，如果家长想起来了才锻炼一次，或者为了图简单就把孩子送到兴趣班，自己做旁观者，会让孩子产生锻炼可做可不做的想法，长此以往，孩子容易把运动看成负担和惩罚。所以，能陪孩子一起做的运动，家长一定要克服困难，与孩子一起坚持锻炼；家长不能参与的运动项目，可经常跟孩子讨论或观看比赛

等，陪他坚持下去。

运动项目生活化，运动锻炼游戏化

对幼儿来说，运动主要是强身健体。为养成习惯，家长尽可能给孩子选择可以生活化的运动项目，如跑步、跳绳、轮滑等，少选择需要特殊教练、特殊场地和特殊时间的项目，便于在生活中锻炼和坚持。同时，注意不要把运动当成单调的技能训练，可以加入一些情境和故事，让孩子在放松的游戏中坚持运动。如跑步，可以边慢跑边给孩子讲他喜欢的故事，或者干脆编一个运动故事，让自己和孩子都成为故事中的角色，以此来增加运动的乐趣，让孩子能坚持运动。除长期坚持的运动外，还要经常变换运动内容，跟孩子玩运动类的游戏，如“丢手绢”“捉尾巴”“砸鸭子”“抓人”；为孩子准备运动器具，如儿童三轮车、滑板车、轮滑、跳绳、沙包等，通过奔跑、躲避、投掷、平衡等，提高孩子的灵敏性和肢体力量。

学点专门的体育技能，扬长避短多多鼓励

4 岁的孩子处在身份确认敏感期，很多孩子开始有了自己崇拜的偶像。如果家长有意识地引导孩子观看体育比赛和相关动画片，各类体育明星，如武术高手、足球名将、篮球巨星、拳坛怪杰都有可能成为他崇拜的对象，促使他渴望学习专门的体育技能。这时，家长可以与他约定学习的要求，创造条件让他如愿以偿。这种“要”来的运动能大大激发孩子的锻炼热情，甚至连跑步这样稍显枯燥的运动都能坚持下来。也许在这种热情的带动下就养成了良好的运动习惯。当然，运动习惯的养成是一个长期过程，孩子在坚持的过程中很容易遇到问题，家长不要简单地强迫或给孩子压力，要善于发现他的闪光点并予以表扬和鼓励，必要时放弃孩子不擅长且不喜欢的运动项目，坚持能坚持的项目。

重点回顾

4 岁的孩子体能增强，协调能力和平衡感基本达到成人水平，能开始学习跑、跳、投掷、体操、游泳等很多运动项目。4 岁是家长帮助孩子培养运动习惯的关键年龄。家长可根据孩子的体质特点和兴趣爱好，帮助孩子选择合适的、生活化的运动项目，由简到繁、由易到难、由少到多地练习。家长要结合每天的生活作息让孩子坚持运动，自己也要以身作则，同时增强运动趣味性。另外，家长可根据孩子的偶像特点选择一些体育技能让孩子学习，激发孩子的锻炼热情，扬长避短，鼓励他坚持下去。时间一长，当一项运动变成孩子的自觉行动，他就养成运动习惯了。

如何对待孩子写画“小蝌蚪”的行为？

典型情景

文文，幼儿园中班下学期，回家后常常拿着纸笔煞有其事地写字，有时口中念念有词，有时“读”给妈妈听，有时还要让全家一起听。看着文文写得乱七八糟的“小蝌蚪”，妈妈觉得既不是汉字，也不是拼音，更不是图画，于是感到困惑：文文这是在干什么呢？还有一年多就要上小学了，是不是应该让文文学习写点拼音或汉字呢？

对照判断

看一看，你家孩子有如下表现吗？

表现	判断
❶ 对纸、笔感兴趣，总想学着爸爸妈妈写写画画，但是又看不懂大人写的是什么。	☐
❷ 自己高兴地“书写”，还喜欢拉着父母听他写的“故事”。	☐
❸ 在父母的要求下，会在纸上乱写乱画，有时涂得像线团，有时像小蝌蚪。	☐
❹ 会照着自己阅读的绘本写写画画，说这是他写的“故事”。	☐

想一想，面对孩子在纸上涂的“线团”和“小蝌蚪”，你是如何做的？

表现	判断
❶认为孩子写这些看不懂的符号没有意义，给他一本有拼音和汉字的字帖让他描红。	□
❷笑话孩子写的什么都不是，亲自示范教他写汉字。	□
❸跟孩子一起辨认，把孩子的“线团”和“蝌蚪符号”变成家长写的汉字。	□
❹置之不理，顺其自然。	□
❺给孩子布置练习汉字、拼音和数字的任务，让他不要乱写乱画。	□
❻让孩子教自己辨认他的“小蝌蚪”，鼓励他书写中的闪光点。	□

如果你有上述第 1 ~ 5 项的做法，说明你对 4 岁孩子的前书写阶段并不了解，需要了解儿童的书写敏感期。

关键知识

4 岁的孩子开始进入“书写敏感期”，他具备了一定的识字、写字能力，开始在纸张或墙壁上涂涂画画，专家称之为“前书写行为”。它是孩子在接受正式的书写训练之前，根据环境中习得的书面语言知识，运用感知、涂鸦、绘画、象形及接近正规“字”等多种形式来表达思想的书写活动，是孩子正式书写前的一种行为，更多强调的是“自然情境”，不一定需要成人专门、系统地“教”。前书写的目标是培养孩子良好的书写习惯，家长对前书写的解读和指导，有利于支持孩子书写能力的发展。

建议方法

如何看懂和支持孩子的前书写行为，帮他度过书写敏感期，为今后学习打下良好基础，请关注以下方式方法。

理解五个发展阶段，灵活变通来锻炼

前书写行为一般始于 4 岁左右，从开始的线条涂鸦，经过自创符号、利用偏旁、模仿画字到简单书写，共有五个阶段。

❶ 线条涂鸦。孩子会在纸上一团一团地写字，一堆线条就是一个字，写完会讲给别人听，那三个一簇、五个一行的“文字”基本与孩子的讲述一一对应。此时，家长可鼓励孩子多写多画，“写得真好，宝宝自创写字了！”此时孩子知道每个汉字有自己的发音和含义，但不清楚每个字的书写都是固定的，所以会随机地创造自己的文字表达，下次再写这个同样含义的字时，可能就是另一种写法。

❷ 自创符号。孩子可根据生活中的常见标识，创造自己需要的符号。如根据禁止拍照标识自创禁止吹泡泡标识。此阶段的孩子了解到符号的特定含义及其规律，能在规律的基础上创造。家长可鼓励孩子把家中需要注意的事情都做成标识，张贴在适宜的位置。

❸ 利用偏旁。当孩子对汉字有更深入了解后，他会发现字中有些“部件”（即偏旁）反复出现，于是会有意地运用到自己的书写中。右图是一个小朋友写的《望庐山瀑布》，有些成段文字的模样，从单个的“文字”看，里面有了部首偏旁的影子，比起最初的涂鸦更接近文字。此时要带孩子多

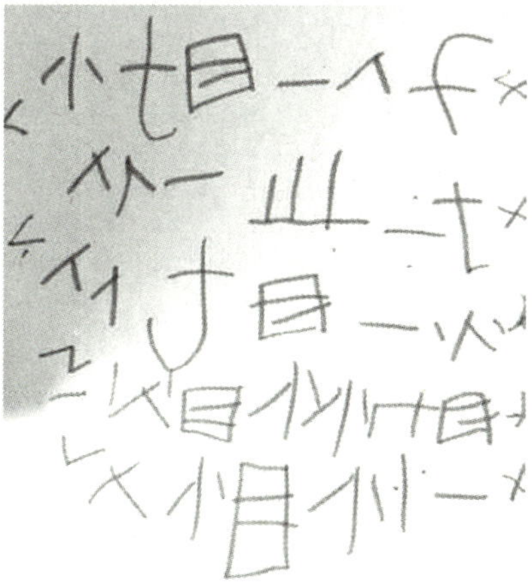

阅读，感受汉字之间的细微差异，记住更多汉字及其语境。

❹ 模仿画字。有了前期的积累，孩子逐渐向往能够写完整的字。有位小朋友，在自己画的画中间写了完整的“四川”两个字，他说“四川”是中国地图上最简单的字。足见孩子一直在观察，并找到了体验成功的契机。

❺ 简单书写。到此阶段，孩子在经历半年到一年的时间后，可以简单地书写了。此时可以教孩子写自己的名字，还可以用游戏的方式，如用长条积木、牙签、棉签拼摆汉字，从最简单的字开始，循序渐进地给孩子建立笔顺概念，帮助孩子从前书写迈入真正的书写。

跟着《指南》来教育，培养良好书写姿势

《3 ～ 6 岁儿童学习与发展指南》对书写有要求：3 ～ 4 岁，喜欢用涂涂画画表达一定的意思；4 ～ 5 岁，在成人的提醒下，写写画画时姿势正确；5 ～ 6 岁，愿意用图画和符号表现事物或故事。中班阶段，幼儿对绘画有很大兴趣，家长要多提供机会，引导孩子从上到下画、从左到右画，并注意画面干净整洁，可以给孩子讲一些书写知识。幼儿的绘画能力发展到一定程度后，自然就具备了书写的条件。所以，对 4 岁的孩子来说，不要长时间或写过多的文字，写写画画时要强调姿势正确，培养良好的书写习惯：

❶ 保持正确的书写坐姿；

❷ 书写时眼睛和书保持适当的距离；

❸ 保持正确的握笔姿势；

❹ 养成眼睛随手由左而右的习惯。幼儿时期养成良好的书写习惯，上小学自然能写出一手好字。

书写与阅读相结合，看中书写内容而不是字形

相对于书写，阅读对孩子来说更容易实现，信息量也更大。4 岁后，家长可以从给孩子读书、带着孩子指读，慢慢过渡到让孩子自己认读。阅读过程中，孩子接触到大量的文字，丰富了想象力和创造力，感受到文字的作用，对文字慢慢熟悉并产生兴趣，能自觉促进前书写能力的发展。在孩子前书写过程中，不要看他写得对不对、像不像，要注重他描述的内容。如果孩子能完整地用“小蝌蚪”描述一件事情，一定要予以表扬和鼓励，以强化孩子用前书写表达自己所思所想的行为。

锻炼手部的精细动作

绘画和书写都是手部的精细动作，孩子手指灵活、手部有力量才能书写好看。有些家长发现孩子上小学后书写不规整，可能就是孩子的手部肌肉没发展好造成的。所以，孩子 4 岁以后，家长一定要让孩子学习用筷子吃饭，引导孩子剥蛋壳、系鞋带、夹豆子、玩手指游戏等，锻炼他手部肌肉的力量与手指的灵活性。

重点回顾

孩子在纸张、画板或墙面上写的“小蝌蚪”，是孩子的前书写行为，他在学习用熟悉的符号和文字表达思想。对此，家长要充分理解，明白前书写各阶段的发展特征并据此采取相应的措施。家长可以跟着《指南》对书写的要求，从阅读和培养良好书写姿势入手，加强孩子手部肌肉和精细动作的锻炼，激励孩子大胆“书写”，帮助他完成每个阶段的表达，为正式书写做好准备。

如何引导孩子理解数的概念？

典型情景

妮妮，幼儿园中班上学期，最近对数字很感兴趣：上下楼梯会数台阶，坐电梯会主动摁数字，吃饭前会数筷子，还用自己的玩偶过家家，比如以5元的价格卖给小熊一辆玩具汽车，又以2元的价格卖给小兔一根假的胡萝卜。妈妈突然想起在家园共育课上老师说4岁多的孩子会进入数学敏感期，是不是需要教妮妮开始学数学呢？

对照判断

看一看，你家孩子有下列现象吗？

表现	判断
❶ 突然对数字感兴趣，拿到的东西都会用指头数一数。	□
❷ 喜欢数10以内的物品，但问总共有多少个却答不上来。	□
❸ 在纸上、墙壁上写画数字，虽然写得歪歪扭扭，但很起劲儿。	□
❹ 家里什么东西都要数一数、加一加。	□

你发现孩子有上述表现时，是如何应对的呢？

表现	判断
❶ 发现孩子对数学感兴趣，赶紧买本数学书教他。	□
❷ 教孩子数数，一直要数到 100。如果孩子在数的中途进位不对，就会批评他。	□
❸ 让孩子把 10 以内的加减法背下来。	□
❹ 顺其自然，不打断也不提升和强迫。	□

如果你选择了上述选项，则说明你需要进一步了解 4 岁孩子的数学敏感期。4 岁左右的孩子会出现数学敏感期，数学不是简单的数数字或加减法，它有更深的含义。

关键知识

4 岁前后，孩子会出现“数学敏感期”。这时孩子对数字概念如数、数字、数量关系、排列顺序、数的运算、形体特征等发生极大兴趣，强烈想知道数、数字与生活的关系。数学敏感期分为两个阶段：前期是数学概念敏感期，4 ～ 6 岁的孩子开始对数字、数量等产生浓厚兴趣，但只能简单地将数字、数量还有数名配对，不理解数学中的逻辑；6 ～ 7 岁发展到数字逻辑敏感期，孩子已经积累了一定的数学基础，对序列、数的概念和概念间的关系表现出浓烈的兴趣，开始建立初步的数学逻辑。家长要理解数学敏感期的不同阶段，利用生活中的数学，帮助孩子理解和建立数的概念。但是，数的概念不仅仅是数字和数的运算，还包含简单的几何体、时间、区分与比较、事物的空间与时间关系等，是培养今后数学逻辑思维能力的基础。

建议方法

要让孩子有清晰的数学思维，就一定不要忽视孩子的数学敏感期。以下方法，也许能帮助孩子建立更好的数学基本概念。

理解数概念的真实含义，在生活中发现教育契机

著名数学家陈省身曾说过："我们每个人一生都花了很多时间来学数学，但我们其实只是学会了计算，而不是数学。"幼儿需要学习的数概念不仅仅是数字和运算，它包括数字、运算、数量关系、排列顺序、时间与空间关系等多个维度。《中国儿童发展纲要》提出的学习目标有：

❶ 从生活和游戏中感受数量关系并体验到数学的重要性和趣味性；

❷ 解决数学挑战，获得自信心；

❸ 利用身边的数、量、形、时间和空间等建构初步的数概念，学习简单的数学方法。

在日常生活中，家长发现孩子对数字感兴趣，要随时引导，让孩子感知和体会生活中的很多地方都会用到数，如电话号码、日历、楼层和商品的价签等；引导孩子了解和感受数在不同地方的不同含义，如数在天气预报中表示冷热，在公交车上表示车次，在门牌号上表示楼层和位置等，并鼓励孩子使用数进行简单的推理、加减等。如乘坐电梯时，上行 5 层后是 6 楼，下行 4 层后是 3 楼；吃了 2 个饺子，再吃 2 个是吃了 4 个；等等。

巧用材料操作，发展数学思维

家长可提供多样性、多层次、多功能的活动材料，让孩子带着数学问题动手操作。如数数，不要简单地数 1 ～ 10，而是给孩子 5 个苹果，让他数一数；如排序，给孩子 5 根小棒让他排，然后问他排序的理由，提升孩子的比较和判断能力。家长也可以购买与数学相关的益智玩具，让孩子在操作

和摆弄玩具的过程中逐步理解数学概念。当孩子对实物有了较好感知后，还可以让孩子通过纸张描画或使用练习册来巩固提高，从而获得有关数的全面经验。借助操作性材料认知数的概念，其实是调动孩子的感知觉来学习，符合孩子的认知特点，能提高孩子对数学的兴趣，并在活动中发展孩子的数学思维。

创设游戏情境，激发孩子的数学潜能

数学活动游戏化，是 4 岁孩子乐意接受，也愿意参加的方式。关于数学的游戏有很多，如可以用扑克开发多种认识数字、数字加减法的游戏；可以用积木开发认识图形、形状和数量的游戏；可以用玩具开发归类、比较、运算游戏等。数学游戏主要包括以下几类：

❶ 故事情境性游戏。家长把数学的概念融入故事中，让孩子在故事情节中学习数学。

❷ 问题情境性游戏。家长以问题形式提问，吸引孩子到参与问题、思考问题、解决问题的情境之中。

❸ 操作（生活）情境性游戏。让孩子通过操作实物或生活实践，在动手、动口、动脑中感知、探索、发现、理解数的概念，掌握数的规律。总之，家长将数学游戏化，引导孩子以体验、参与等“动”的方式为主做游戏，让孩子在轻松、愉快的氛围中“玩”数学，是培养数学兴趣、激发数学潜能的极好方法。

不要机械训练和强制练习，跟着幼儿园的节奏学

单纯的数学是枯燥的，有些家长为了让孩子早日学会数数、加减法等数学知识，会利用各种方法让孩子重复跟诵、死记硬背、反复练习。这种方法在初期会起到一定作用，但是，幼儿在生活体验中学习到的知识，才是他真正学到的知识。教孩子学习数学，除了不要拘泥于数字和运算学习外，还要

注重在生活和游戏中学习。家长可与幼儿园教师经常保持联系，跟着幼儿园的进度、节奏和方法在家巩固练习，既能达到练习的效果，又不会因违背了规律而抹杀孩子的积极性。孩子掌握得好，还能增强自信心。

重点回顾

4 岁左右的孩子进入数学敏感期，会对数学、数学关系等突发兴趣。家长要敏锐把握这个时期，并引导孩子在生活和游戏中学习，随时随地与孩子一起观察生活中的数，让孩子理解这些数字背后的不同含义。家长还要利用生活中的常见材料及数学玩具，创设各种情境游戏，让孩子在操作和摆弄材料、玩具的过程中感受数、学习数，对数发生兴趣，激发数学潜能。需要注意的是，不要机械地训练孩子和强制孩子练习，可以跟着幼儿园的学习节奏，循序渐进地让孩子学习认数字、练加减法、比大小、认图形、识方位等。

孩子总说不喜欢班里的某个小朋友，怎么办？

典型情景

明明，幼儿园中班。最近一段时间，他总是跟妈妈说不喜欢班上一个叫强强的小朋友，说强强吃饭会掉一桌子米饭，洗手时会弄湿袖子，喜欢抢别人的玩具，说话大舌头，跟小朋友打架……妈妈问他，强强没有优点吗？他坚定地摇摇头，说："我就是不喜欢强强，不要跟他做朋友。"面对这样的情况，家长需要引导吗？

对照判断

看一看，你家孩子在对待班里的小朋友时，有下列行为和表现吗？

表现	判断
❶ 回家讲某某小朋友笨手笨脚，语气中满是嘲笑。	□
❷ 说某个小朋友打了另外一个小朋友，还气愤地说这个小朋友做得不对。	□
❸ 不喜欢班上的很多小朋友，要好的伙伴不多。	□
❹ 与其他小朋友一起给不喜欢的小朋友起外号。	□

面对孩子与班里同学相处的表现，你是如何做的呢？

表现	判断
❶ 告诉孩子每个人都有优缺点，鼓励孩子与他不喜欢的孩子做朋友。	□
❷ 觉得孩子讲的那些事都是无聊的事情，对孩子的表现不评价、不引导。	□
❸ 让孩子不要跟他不喜欢的小朋友一起玩。	□
❹ 给孩子讲交朋友的重要性，鼓励孩子多交好朋友。	□
❺ 隔三岔五让孩子带几个班里的小朋友来家里玩，希望他从小建立稳定的朋友圈。	□

如果你选择了上述选项，那么下面的内容能让你对孩子的社会交往有更深入的了解。

关键知识

4 岁的孩子处于人际关系敏感期，他逐步走出自我世界。随着认知能力的大幅提升和情绪控制力的增强，他越来越喜欢观察周边的人，开始表现出“亲社会”行为：对朋友交往中规则的建立和遵守、伙伴行为的对错评判十分感兴趣；开始有固定的玩伴，与亲密的伙伴能相互理解，互相安慰，会明确表达不喜欢哪位小朋友；比较频繁地和班里小朋友交换和分享喜欢的物品。在交朋友时一般会经历交换食物、交换玩具和用个人能力交朋友三个阶段：前期通过食物与他人产生链接，分享或交换美食后，朋友关系就结束了；然后从分享玩具到交换玩具，再到赠送玩具，会与小朋友持续几个月朋友关系；当发现玩具不能继续维持朋友关系时，会逐步发现相同的兴趣和爱好是交朋友的真正基础，这时才会产生真正和谐的朋友关系。家长要观察孩子的交往情况，在交流中帮助孩子认知人际交往的基本规律，在交流中学会交往。如果孩子明确表示不喜欢某位小朋友，不要勉强孩子与他交往，尊重孩子交友权利的同时，跟他探讨不喜欢这个小朋友的真正原因，慢慢引导孩子。

建议方法

人际交往是儿童成长发展过程中的重要需求，家长要观察孩子的交往情况，帮助孩子建立良好的人际交往关系。当发现孩子不喜欢某个小朋友时，家长可以按照以下方法引导孩子。

认真倾听，弄清原因

幼儿园是孩子学习知识、了解生活、学会交往的重要场所。如果孩子不喜欢某个小朋友，或者有小朋友不喜欢他，都是正常的事。但幼儿的认知水平和判断能力都处在发展过程中，家长不要跟着孩子做简单的判断，可以用各种方式与孩子深入沟通，了解他不喜欢该小朋友的真实原因，如他们之间是否产生过冲突？还是因为那个小朋友做游戏时拿了他的东西？或者是那个孩子有攻击性行为？还是那个孩子特别优秀，总被老师表扬？孩子总会出于某个原因而不喜欢某个小朋友。同时，家长可跟老师深度谈谈自己孩子与这个小朋友的关系，了解事情的真实情况，再做指导。

表达共情，适时引导

弄清孩子不喜欢某个小朋友的原因后，家长可与他建立共情："如果 ××× 小朋友有这样的表现，妈妈也不喜欢他，但那个小朋友在 ×× 方面做得很好，咱们再看看行吗？"先不否定他的观点，帮他理顺情绪，然后引导他学习观察身边家人的优点，如爸爸今天主动打扫了卫生、奶奶把碗洗得很干净、姐姐的玩具她自己收拾好了等，让他学着用这种眼光，看看他不喜欢的小朋友身上有没有优点。当他发现他不喜欢的小朋友也有优点时，可以带他读《小花猫交朋友》《敌人派》《月亮是谁的》《弗洛格和陌生人》《小羊和蝴蝶》《兔子先生的麻烦》等绘本故事，让他逐步理解交朋友过程中如何处理矛盾和冲突，学会分享、包容和尊重，学着求同存异、接纳与自己不一样的人，去发现不喜欢的朋友的优点，收获更多的友谊。

换位思考，理解同伴

中班的孩子已经能够理解他人。在孩子告诉你不喜欢某个小朋友时，你还可以告诉他：“自己喜爱的东西被别人说不好，自己会不开心。××× 被你说不喜欢，他知道了一定很伤心。咱们换位思考，将心比心，如果你被 ××× 说不喜欢，会开心吗？”教他试着理解对方，明白自己不喜欢的事情就不要对别人做。再针对性地给孩子提一些交往的建议，如用“剪刀石头布”游戏解决轮流的问题；用动口不动手的方式解决情绪问题；用欣赏和赞美解决看别人的眼光问题等。当孩子学会了交往的原则、道理与方法时，他在生活中与朋友的矛盾就会减少很多甚至消失，他的友谊之花会越开越旺。

遇到冲突，积极解决

中班的幼儿喜欢与人交流、和同伴一起玩，但也极易与同伴产生冲突，如相互之间争抢玩具，玩游戏时出现肢体碰撞、意见不合等。如果孩子总说不喜欢某个小朋友，可能他与这个小朋友发生了严重冲突，这时要客观看待他们的冲突，主动联系老师共谋对策，为他们提供独立解决的时间和空间。一般情况下，家长和老师要保持中立角色，创设环境，引导孩子们自己讨论解决问题的办法，让他们自己达成共识并一起解决问题。在冲突解决后，拥抱并鼓励孩子，跟他复盘讨论“怎么解决了这次的冲突”，让孩子进一步感受解决冲突的快乐、态度和方法，提高解决问题能力和社会交往能力。

重点回顾

4 岁以上的孩子有强烈的同伴交往需求，但他的认知能力有限，社会交往阅历不足，很容易因小朋友意见与自己预期不一致、无法跟对方讲道理或发生冲突等不喜欢某个小朋友。家长要认识到这一时期同伴交往的重要意义，在孩子抱怨某个小朋友时认真倾听、分析原因，表达共情、适时引导。要从观察身边人做起，教会孩子欣赏他人优点，换位思考，理解同伴。但是，如果孩子与他不喜欢的小朋友发生了较大的冲突，家长要主动联系老师，站在中立的角度，给孩子创设自己解决问题的环境，让孩子在解决问题中感受快乐，提升能力，学会交往。

第三章

5～6岁孩子

5～6岁的孩子，已经升入幼儿园大班或即将升入大班。他们爱读书、爱玩、爱创造，喜欢与好朋友在一起，有时爱撒娇“求关注”，偶尔暖暖的关心让家长受宠若惊。总之，孩子生活在一个金色的童年里。但是，一想到孩子即将上小学，教育压力呼之欲出：要不要开始学拼音？如何更多地识字？怎么让孩子对小学充满期待？在幼升小阶段，家长如果有更多的教育困惑，请走进接下来的主题。

认识孩子的发展特点

5 岁的孩子，逻辑思维和动作能力都有了进一步发展，要提前学拼音吗？是不是可以学弹钢琴了？孩子不再那么黏爸爸妈妈，喜欢与好朋友一起玩；经常捡拾枯枝、树叶带回家里；有一天突然跟妈妈说要和同班的小帅哥结婚……这些都是这个年龄段孩子的发展特点吗？怎么认识和对待呢？请你走进以下主题，慢慢了解 5 ~ 6 岁孩子的世界。

快上小学了要提前学拼音吗？

典型情景

胡胡，男孩，5岁9个月。妈妈了解到同班的小贝已经学完了拼音，其他家长也说要赶紧学，否则上了小学就会跟不上。妈妈马上给胡胡报了课外拼音学习班，但事与愿违。胡胡不是把“b”和“d”混淆，就是把“z”和“zh”读错，拼读更是一塌糊涂，还表现出了强烈的反感和挫败感。妈妈找幼儿园老师问，老师说可以让孩子了解一下拼音，不需要提前学。到底应该听谁的呢？

对照判断

一起来看看，你的孩子在学拼音时有以下行为和反应吗？

表现	判断
❶ 有些易错的音经常混淆，z、c、s 和 zh、ch、sh 分不清楚。	□
❷ 书写上常把一些近似的字母混淆，如 b、p、d、q 等分不清楚。	□
❸ 不喜欢学拼音，觉得枯燥无趣。	□
❹ 每次学习拼音的时候都有畏难情绪，心不在焉。	□

想一想，你有让孩子提前学拼音的想法吗？如果有，在他遇到困难时是怎么处理的？

表现	判断
❶ 反复教孩子认识拼音，见孩子达不到要求就渐渐失去耐心，经常朝孩子发火。	☐
❷ 看孩子学拼音吃力，很心疼孩子，但是只能压着脾气干着急，没有好的办法。	☐
❸ 见孩子没有学习拼音的兴趣，只能作罢，但又很担忧孩子在小学阶段落后。	☐
❹ 给孩子报了拼音学习班，偶尔问一下学习效果。	☐
❺ 孩子快乐最重要，从没考虑过学习拼音的问题。	☐

如果你勾选了上述选项，说明你对孩子本年龄段学习发展的问题还不了解，请你继续阅读以下内容。

关键知识

5 岁的孩子处于前运算阶段，大脑前额叶发育不完全，有了一些逻辑思维能力，但运用更多的是具体形象思维。拼音属于表音符号，一些字母具有上下对称性（“t”和“f”）和左右对称性（“b”和“d”、“p”和“q”），超出了孩子的思维能力和认知水平。教育部早在 2012 年和 2013 年就发文指出，幼儿园不得教授小学学科内容，拼音就是其中一项。拼音的学习包括对字母的识记、拼读的掌握和声调的运用，任何一个环节掌握不好就可能造成孩子自信心受挫。这样孩子不仅学不好拼音，还会产生厌学现象。所以，家长不必过早让孩子系统化地学习拼音，特别是不要用机械重复的方式学习，可以让孩子在生活中，通过学习汉字等其他方式，自然而然地认识一些拼音字母。

建议方法

要不要在幼儿园提前学拼音，是很多家长关心的问题。到底应该怎么做，希望本主题能解决你的困惑，并教给你适宜的方式。

转变认知观念，先识字后拼音

通常来说，家长认为学习拼音是认识汉字的基础，让幼儿园大班孩子学习拼音是为了在入学后更好地学习汉字。其实对孩子来说，无论是在幼儿园的学习活动，还是在日常的生活中，汉字相对于拼音都更加常见。而且，汉字是从象形文字逐渐演变成现代文字形式的，依旧有一定的形象直观性，认识常见汉字符合 5 岁年龄段儿童的思维特点，相较于抽象的拼音更易掌握。家长可引导孩子先从象形文字来了解汉字的造字特点及认知、书写规律，再引入拼音作为学习汉字的辅助手段，当读音和汉字能够进行匹配时，孩子学习拼音字母、拼读和声调会更轻松。

在前阅读和前书写中，用实物和简笔画了解拼音

拼音字母是一种抽象的表音符号，家长如果想让孩子对拼音有粗略的、感性的认识，在陪伴孩子阅读图画书时，可以有意识地选择有拼音的图画书，让孩子对字母产生好奇和熟悉感。家长还可以进一步激发孩子的想象力和创造力，将字母的形态与生活中已有的认知产生联系，巧妙利用看得见、摸得着的日常生活物品或图片，将抽象的字母具体化、形象化，激发孩子的学习情趣。比如，看到拼音字母“m”时，可以问孩子这个图形像什么，孩子可能会说“这个像拱门”“我好像在麦当劳里见过”，然后家长可以引导孩子一起在纸上画出字母“m”。

多种方式刺激感官，形成联动记忆

5岁孩子对于动作、图像、声音等的刺激捕捉更强，在阅读图画书时，家长可以通过亲子共读的方式，通过对故事情节的交流甚至进行情景绘画和表演，调动孩子的多重感官，让他形成牢固的联合记忆。家长还可以带着孩子一起给家中物品贴上对应的拼音和文字，在日常生活中不断地对拼音、文字进行强化巩固；还可以和家庭成员、好朋友一起进行“字母闯关”游戏大比拼，通过巧妙的游戏设计，在玩耍中强化孩子对拼音的感知。

鼓励孩子多写多画，将拼音巧妙融入其中

5岁既是孩子的书写敏感期，也是绘画敏感期，绘画和前书写是孩子进行情感表达和情绪发泄的重要方式。家长可在家中为孩子开辟一面墙壁或者特定的空间，及时满足孩子写写画画的创作欲望，经常与孩子交流他的作品所表达的内容和含义。可将拼音作为写写画画的“临摹物”和“填充物”，让他画字母而不是规范地写字母，从而对汉语拼音有一个基本认知，学会认知拼音和简单的拼读。

重点回顾

5岁的孩子以具体形象思维为主，对于抽象的、日常生活中接触较少的拼音学习会感到吃力，教育部也三令五申地要求幼儿园不能教拼音。因此，家长不要通过报班、机械重复练习的方式让孩子学拼音，可以在日常生活中通过引导孩子学认日常汉字，逐步激发他学习拼音的兴趣，用简笔画、儿歌、童谣等形象直观的方式，联合刺激孩子的视听感受，让孩子在写写画画中熟悉字母，学会拼读，帮助孩子初步感受拼音的魅力。

为什么孩子 5 岁开始学钢琴比较合适？

典型情景

春春，刚满 5 岁，在一次幼儿园文艺会演后，对弹钢琴的文老师非常着迷，时不时会缠着老师让她弹一下钢琴。有一天，他与爸爸路过一家琴行，拽着爸爸哭闹：“我要弹钢琴，给我买一‘个’！”爸爸担心春春还小，怕他只是一时兴起，根本坚持不下去，犹豫要不要给他买钢琴。5 岁的孩子，可以开始学钢琴了吗？

对照判断

一起来看看，你的孩子对于音乐有以下的行为和反应吗？

表现	判断
❶ 听到音乐以后，情不自禁地摇摆身体，情绪放松愉悦。	☐
❷ 不自觉地哼唱在幼儿园和生活中听过的歌曲。	☐
❸ 在音乐活动中，能够一边听节奏，一边正确地打拍子。	☐
❹ 对钢琴、手鼓等乐器感兴趣，喜欢自己摆弄。	☐
❺ 对学习钢琴等乐器有渴望，提出想要进行专门学习训练的愿望。	☐

面对孩子对音乐的反应和行为，你是怎么想和怎么做的呢？

表现	判断
❶ 认为这是孩子的正常反应，没有特别注意。	□
❷ 认为音乐不能当饭吃，不用特别去学习。	□
❸ 认为孩子过小，不具备学习钢琴等乐器的条件。	□
❹ 认为孩子是一时的热度，找有乐器的地方偶尔陪他玩一下。	□
❺ 认为音乐学习越早越好，发现他对音乐有点兴趣就马上给孩子买乐器。	□

如果你勾选了上述选项，那说明你对孩子的音乐方面的学习发展规律还不太了解，还需要多学习一些知识。

关键知识

孩子的音乐敏感期在 1 ~ 6 岁，具有时间跨度大、螺旋式发展的特点。3 岁前的孩子，节奏感非常强，对音乐的感知主要靠听；3 ~ 5 岁的孩子，对简单而重复的韵律感兴趣；5 岁以后，孩子进入音乐敏感期的第三阶段，能表达旋律比较复杂的音乐，可以开启一种乐器或声乐的长期学习。就学习钢琴而言，5 岁的孩子手指动作、手眼协调能力和耐性都有了进一步发展，如果孩子的乐感较好或学习兴趣强烈，可以考虑开启学习钢琴之路。而且学习钢琴能促进孩子自主神经和肌肉的发展配合，使大脑的左、右半球同时发展，提升孩子的学习能力。然而，学钢琴需要有规律地练习和科学、恒久地训练，5 岁孩子的自制力还不够成熟，只能进行钢琴启蒙和基本功训练，不适合学习太复杂的乐谱和进行难度太大的乐曲练习。家长不要逼迫孩子机械、重复地练习，以免破坏孩子对音乐的兴趣。家长给孩子买钢琴，要注意钢琴的音色、音准和琴键的触感，从一开始就帮助孩子建立正确的音乐审美认知。5 岁以下的孩子尽量不要学钢琴，他的手指力度还不够，不但演奏不好，时间一长还会影响手指正常发育。

建议方法

开启学钢琴之路是一个长期的过程，5 岁是学钢琴的好时期，家长要注意采用科学的方式方法，鼓励孩子坚持不懈地学下去。

选择孩子喜欢的乐器和老师开启音乐学习

学习钢琴还有一个前提是兴趣，并非所有的孩子都要学习乐器或钢琴。如果孩子对音乐表现出比较强的兴趣，对弹钢琴或某类乐器非常向往，家长可以尊重孩子的兴趣点，让他学习钢琴或其他乐器，帮助他更好地挖掘音乐潜质。家长切勿自己去选择一种认为孩子应该学的乐器，要根据孩子的音质、特点和喜好等，多咨询一些专业音乐老师，选择适合他的乐器。此外，选择一位合适的老师至关重要，一位受孩子喜欢的老师会抓住孩子的心理特点，用形象生动、能被孩子理解的方式教授音乐知识和技能。弹钢琴时每弹奏一个音大约需要 30 克的力（低音区需要的力度则更大），不适合 5 岁以下的小朋友学习。5 岁以下的孩子可以学习一些乐理，多练练听音，或者以游戏的方式用键盘练练弹奏。

家长的态度决定孩子的学习之路

如果开启了一种乐器特别是钢琴的学习之路，家长不要有随便学学的态度，“认真”二字非常重要。孩子在学习乐器时的认真，会迁移到做其他事情上。既然决定学就要学好，不能三天打鱼、两天晒网或者只有三分钟的热度。当孩子在学习过程中遇到困难或倦怠时，家长要采取各种方法，鼓励孩子克服困难，勇于坚持，当练习乐器成为习惯后孩子自然会有收获。

锻炼手脑协调能力，提高乐器学习的成就感

钢琴等很多乐器的练习，都需要以儿童手部小肌肉动作的良好发展为基础。对学习乐器的孩子，家长要更加注意在生活中让孩子通过线条图绘画练习、曲线形状剪纸、筷子进食等锻炼孩子的手部小肌肉，通过做手工、打乒乓球、打羽毛球、投篮练习等发展孩子的手眼协调能力。还可引导孩子在脑海中假想出一个键盘，或者在纸上画出一个键盘，将对应的音符、乐谱在假想或纸质的键盘上进行弹奏，熟悉键盘结构，提高手眼协调能力。同时，注意从易到难，一般一天新学的乐曲练习 5 遍，不超过 10 分钟即可，较难的曲子要分开练习，完成一首曲子后要给孩子一点奖励，过一段时间后给孩子举办家庭音乐会等，提高孩子的练习兴趣和成就感。

注重音乐感受和体验，培养良好的练习习惯

钢琴等乐器的学习与训练并非只是一项音乐技能，更是儿童感受音乐、提高审美的途径。家长要经常播放音乐和歌曲，特别要播放孩子正在练习的乐曲，经常带孩子去听适合他年龄段的音乐会，与孩子一起阅读音乐绘本如《动物狂欢节》《胡桃夹子》等，给孩子介绍乐器的特点，给他创造感受和体验音乐“美”的机会。在练习乐器的过程中，家长不寄予过高的期望和提出过分严格的要求，每天固定的练习时间不宜过长（起步 10 分钟，一般不超过 40 分钟），保持自然坐姿，每次练习前，先做好热身，从简单的音阶弹奏开始，让手指、手腕活动灵活后再练习要练的曲子，养成自主练习的习惯。

重点回顾

5 岁的孩子已经能自主选择感兴趣的乐曲，用身体动作来诠释曲调中比较复杂的旋律，从生理学和心理学的角度来说，已经具备了学习一种专业乐器的条件。家长可以从孩子的音乐兴趣出发，选择其喜欢的乐器，找专业老师进行指导。平时要锻炼孩子的手眼协调能力，注重音乐感受和体验，培养良好的练习习惯，提高孩子乐器学习的成就感。如果孩子的学习遇到困难或有倦怠感，家长要想办法帮助孩子坚持下去，只要度过困难期和倦怠期，学习乐器就会成为孩子生活的一部分。如果家长和孩子选择了钢琴，练习过程相对于其他一些乐器来说会更加艰辛。做好准备、从易到难、多多鼓励，这些都是促进孩子坚持练习的好办法。

孩子做什么都要与好朋友一起，这样好吗？

典型情景

可儿，5 岁 7 个月，每天不管是在幼儿园还是在家，心心念念的总是好伙伴楚楚。平时上学、放学总是要约着一起走；有了新玩具首先想到的是与楚楚一起分享；在幼儿园上厕所、做小值日生也总要一起；哪怕偶尔闹了别扭，也能很快和好；暑假楚楚回老家半个月，可儿每天缠着妈妈问楚楚什么时候回来。妈妈纳闷了，这孩子怎么和楚楚处得比我还亲呢？

对照判断

看一看，你家的孩子是不是也有以下这些行为？

表现	判断
❶ 总是喜欢和小朋友一起相处，经常忘记时间和其他安排。	□
❷ 哪怕和朋友在玩耍中受了委屈，情绪平静下来后，依然想要一起玩。	□
❸ 在幼儿园有自己的小团体，互相分享食物、玩具、绘本等。	□
❹ 特别在意朋友的看法，对于朋友的否定、拒绝，会深受打击。	□
❺ 为得到其他小伙伴的喜欢与肯定，愿意付出很大的努力，哪怕“牺牲”自己喜欢的玩具、零食等。	□

遇到孩子十分渴望同伴交往的情况，你是怎么做的呢？

表现	判断
❶ 担心孩子满脑子想着和朋友玩，上学后不好好学习，严格限制孩子的朋友交往。	☐
❷ 担心孩子与同伴相处时闹别扭或者受欺负，引导他只跟温顺、好说话的孩子玩。	☐
❸ 鼓励孩子与小朋友多多交往，让他带零食到幼儿园分享，每周帮他举行派对。	☐
❹ 不怎么关注孩子的交往情况，听到孩子在幼儿园被同伴排斥，轻描淡写告诉他不理别人就行了。	☐
❺ 特别关注孩子的交友情况，每天问他喜欢谁，跟谁一起玩。	☐

如果你勾选了上述行为，希望你多关注 5 岁小朋友在他的朋友圈的表现，帮他建立良好的伙伴关系。

关键知识

同伴之间的交往和互动对孩子有非常重要的作用。5 岁的孩子掌握了一定的社会交往技巧，随着主体性的发展，开始逐渐脱离对父母、教师等成年人的依附，注重寻求同伴的关注和认同。他追求和玩伴共享活动目标、开展活动行为、实现活动目的，已发展到合作游戏阶段，在游戏中会建立规则，进行分工和展开有目的性的交流，能感受到同伴的重要性和同伴玩耍带来的快乐。为此，孩子非常重视同伴关系，会与三五好友发展成“知己”，结成相对固定的合作伙伴，这是孩子社会性发展的良好表现，家长要予以支持。

建议方法

培养孩子的交往能力非常重要，家长要了解 5 岁孩子的交往特点，促进孩子更好地发展。

理解孩子对同伴交往的渴望，适时放手

5 岁的孩子随着自我意识的进一步发展，进入合作游戏阶段，更加注重游戏中的规则与分工合作，也在意他人评价和社会关系的发展，同伴成为他自我建构过程中的重要他人。同伴的正向评价和负向评价，同伴关系的接纳程度，会对幼儿的自我认识、自尊自信、自我调节等方面产生重要影响。家长要理解孩子交往需求的发展阶段，学会适时放手。如典型情景中的可儿，做什么事情都要与好朋友楚楚一起，说明她俩的同伴关系发展得非常好。双方父母要给孩子足够的空间和自由，让她们多走出家庭，建立自己的朋友圈，促进孩子的社会性发展。

为孩子创造更多结交新朋友、与同伴交往的机会

有研究表明，如果家长经常让孩子和同伴一起游戏，其子女可能有较大的社交圈和更多的社交技能。家长们要加强家庭之间的联系，建立信任友好的关系，为孩子们创设活动的时间、空间、场地和活动内容。比如，可以一起露营、聚会、运动锻炼等，让孩子们参与到具体的活动环节中，锻炼孩子们交友、共同游戏、相互合作、解决问题等能力的同时，增加同伴交往的机会。

建立良好的亲子关系和情感联结，帮助孩子掌握同伴交往的技巧

观察学习是儿童重要的学习方式，儿童最早的同伴交往技能是从家里、从父母那儿习得的。如果孩子从小与父母形成安全型依恋的关系，他更容易在幼儿园和小学期间形成积极互动的、和谐的同伴交往关系。在发现孩子有固定玩伴后，父母不要有失落感，要利用各种机会与孩子开展高度参与、情感积极的合作游戏，巩固和加深亲子关系和情感联结，进一步提升孩子的社

交技能和同伴接纳水平。

共读绘本，理解友谊，更好地发展同伴关系

家长们可以选择幼儿交友的系列绘本，如《独一无二的你》和《勇敢做自己》等，让孩子理解在离开父母，自己独立面对人际群体时应该有的态度，帮助他建立自信，勇敢面对未知的世界。《波西和皮普》则是通过描述波西和皮普两个好朋友之间的小故事，告诉孩子们在面对生活中令人感到快乐、惊奇、伤心、挫折与挑战的事件时，应该如何与朋友相处，彼此体谅，相互合作，共同成长。孩子在阅读过程中可以更好地认知自我，理解友谊，促进交往。

重点回顾

5 岁的孩子自主意识增强，进入合作游戏阶段和社会性兴趣敏感期，渴望寻求家庭以外的同伴交往，合作意识也大大增强。家长应该敏锐地发现这一变化，理解孩子与同伴交往的需求，适当放手，给孩子创造社会性发展的机会，增加孩子与同伴相处与互动的机会，鼓励孩子探索交往技巧，扩大孩子的朋友圈。同时，建立紧密的亲子关系和情感联结，培养孩子的自信、自立，并通过阅读交往类绘本，让孩子在阅读中建构自我，理解友谊，增强他的同伴交往能力。

孩子说要和小朋友结婚，这是不是早熟的表现？

典型情景

小刚，5岁8个月，在幼儿园有一个特别要好的朋友允儿。有一天放学回家的路上，小刚突然认真地看着妈妈，略带神秘地说："妈妈，你知道吗？我要和允儿结婚了！"妈妈一听心里咯噔一下，这是什么事啊？连忙跟他说："小孩子别乱七八糟地想，什么都不懂，结婚是大人的事儿。"小刚一听，急得掉出了眼泪，跟妈妈大闹了一场。妈妈很纳闷，5岁多的孩子，怎么会想要结婚呢？

对照判断

看一看，你家孩子有下列情况或状态吗？

表现	判断
❶ 说喜欢爸爸 / 妈妈 / 弟弟 / 妹妹，要和他 / 她结婚。	□
❷ 在幼儿园经常和异性朋友手拉手，说他 / 她爱对方，要和对方结婚。	□
❸ 说 ×× 是他的女朋友，他喜欢 ×× 漂亮的大眼睛，经常把好吃的、好玩的给 ××。	□
❹ 喜欢和幼儿园某个小男生 / 小女生接触，甚至会"强吻"对方。	□
❺ 突然好奇地问：结婚是什么？为什么妈妈和爸爸要结婚？我什么时候可以结婚？	□

想一想，当孩子有以上行为时，你是怎么处理的呢？

表现	判断
❶ 大吃一惊，感觉孩子太早熟了，想办法把孩子的话“堵”回去。	☐
❷ 担心孩子受到了视频或其他的坏影响，时时关注孩子的行为。	☐
❸ 训斥孩子，告诉他结婚是大人的事，小孩子不懂不要乱说。	☐
❹ 跟对方家长沟通，希望对方和自己一起严加管教孩子。	☐
❺ 不知道如何回应孩子，也不好意思向老师请教，无端焦虑。	☐

如果你勾选了上述选项，说明需要进一步了解关于孩子婚姻敏感期的知识。

关键知识

5岁多的幼儿进入了婚姻敏感期，对自我和性别角色有了初步概念，开始对人群组合产生兴趣。孩子一开始大多对自己的父母产生强烈好感，要和妈妈/爸爸结婚，随后把“结婚对象”扩大到老师和同伴，对“喜欢”“爱情”“男女朋友”“结婚”等话题产生浓厚兴趣。对父母来说，不管孩子的结婚对象是谁，经过观察都会发现，这个对象是孩子喜欢的人，这是他想要与这个人永不分开的一种表现，更是孩子对自己的性别角色、对异性、对人际关系认识的一种体现。孩子的“恋爱”“婚姻”并非成人世俗眼光中的模样，父母不必慌张，要懂得孩子的爱，教会孩子正确地表达爱，因为这是孩子未来亲密关系发展的良好基础。孩子这段奇妙的婚姻敏感期，一般发生在4～6岁。

建议方法

面对孩子的婚姻敏感期，家长往往困惑而惶恐。相信下面这些建议和方法，对家长一定有帮助。

给出正面回应，不扭捏回避，不嘲笑生气

孩子对婚姻、男女朋友等组合概念产生好奇后，会有很多问题和疑惑渴望得到父母的解答，比如："爸爸和妈妈为什么会结婚？"这时，家长不要反应激烈，可以平静坦然地和孩子进行讨论，用孩子能够理解的语言正面回答，如："因为爸爸和妈妈相互喜欢，想要和对方一起生活。"如果一时找不到合适的方式解释，也可以回答："爸爸／妈妈需要再想想，今天晚上／明天再和你解释。"要让孩子感受到被尊重。回应孩子的问题时，父母千万不要扭捏回避，觉得这个问题非常敏感而又不知道如何跟孩子解释，更不要嘲笑或生气，觉得孩子小小年纪不学好，专学这些"奇奇怪怪"的东西，孩子理解的婚姻更多地倾向于建立亲密关系，跟性本身基本没有关系。

合理回应孩子，给孩子更多的爱

生活中，很多人家里都有一位想要"嫁"给爸爸的小女儿，对此，爸爸可以先说："谢谢你，宝贝女儿！"然后告诉她："但你不能和爸爸结婚，因为妈妈才是我唯一的妻子，你是我最特殊的小天使！我们都很爱你！"妈妈对儿子也可以如此回答。家长需要明白，孩子之所以这样说，是因为他想要在你心里有一种特殊的身份，永远和你在一起。如果孩子一下子不理解，甚至生气，家长也不用太担心，多给他些拥抱、安慰和陪伴，这个时期自然会过去。

跟孩子探究婚姻与爱，帮他处理“恋爱困难”

婚姻敏感期对于孩子的未来婚姻有很大影响。父母不仅需要接纳孩子“恋爱”“结婚”的愿望，还要和孩子讨论，鼓励他们表达对于以后婚姻生活的畅想。家长要让孩子明白，相互的喜欢和爱是婚姻的前提，且在此时间内是专一排他的。如果孩子在“一厢情愿”中被对方“拒绝”，家长要明确告诉他：“喜欢是两个人的事情，需要彼此相互喜欢才可以，如果实在不行，你可以重新选择。”通过引导，让孩子心中有憧憬，身上有铠甲，不惧怕被拒绝，欢欢喜喜地去寻找另外的“喜欢对象”。如果孩子不喜欢向他“表白”的小伙伴，家长可跟他讨论不喜欢的原因，告诉他可以大胆拒绝“恋爱”或“结婚”，但那个小伙伴还是好朋友，还可以与他一起玩。这样孩子在与人相处时，温暖而又无惧，从小奠定良好的婚姻认知，就可以减少未来的婚恋问题。

开展绘本共读，借助图书讲清爱情观和婚姻观

儿童绘本中以爱情和婚姻为主题的不在少数，其中不乏生动、有爱、深刻的作品。家长如果担心婚恋话题敏感而不好表达，可以利用绘本语言。《鳄鱼爱上长颈鹿》《搬过来搬过去》和《天生一对》被称为“恋爱结婚三部曲”儿童绘本，分别从爱情篇、婚姻篇和社会篇，讲述了鳄鱼先生与长颈鹿小姐从陌生到相识，再到相爱组建家庭的点点滴滴，形象生动的故事引出了婚姻中的关键要素：彼此相爱、互相磨合、换位思考、优势互补、责任担当、患难与共……对孩子理解爱与婚姻至关重要，还能促进孩子道德感的发展，帮助树立正确的爱情观和婚姻观。

重点回顾

5 岁的孩子因为对人群组合感兴趣，所以对日常生活中最熟悉的婚姻关系也会产生好奇，对婚姻、恋爱会有各种疑惑，以及产生想要结婚等表现。出现这种情况，家长不必惊慌，这是孩子社会性和性别意识发展的正常表现，是孩子希望与他喜欢的人永远在一起的一种表达，也说明孩子进入了婚姻敏感期。家长要积极接纳孩子的这种愿望，正面回应孩子关于恋爱、婚姻的提问，与孩子讨论恋爱和婚姻的本质，让孩子懂得在爱的基础上，怎么学会正确地表达爱与不爱。如果家长不知道如何给孩子讲婚姻的相关话题，可以借助绘本，用孩子能够理解的方式，帮他树立正确的爱情观和婚姻观，让孩子顺利度过这一时期。

孩子喜欢捡一些东西回来，把家里弄得乱七八糟，怎么办？

典型情景

聪聪，5 岁 9 个月。自从老师在幼儿园活动室的角落设置了植物角，聪聪就对植物着了迷，一有机会就和伙伴分享自己认识的树叶、花朵，走在路上也会指着花草树木说：“这是松树，叶子像针。”“这是柳树，叶子细长。”还到处搜集各种各样的树枝、树叶、花瓣，并把它们带回家，弄得他的小房间乱七八糟的。家里的阳台上被他要求种上跟幼儿园一样的植物，美其名曰“研究”。妈妈对此感到很烦恼，孩子每天都把房间弄得乱糟糟的，要不要跟他谈谈呢？

对照判断

看一看，你家孩子是否出现了以下情形？

表现	判断
❶ 喜欢逛动物园，常常会目不转睛地盯着某种动物观察。	□
❷ 喜欢收集各种小石头、树叶、花瓣，在家里放得到处都是。	□
❸ 喜欢在阳台上种植物，并收集它们的叶子、花瓣等。	□
❹ 在公园里拉着大人，指着各种植物问东问西。	□
❺ 喜欢探索大自然，对植物怎么开花、动物怎么长大感兴趣。	□

面对上述孩子对动植物感兴趣的行为，你是怎么处理的？

表现	判断
❶ 孩子收集树枝、树叶，弄得家里乱糟糟，告诉他不要把这些东西带回家。	☐
❷ 觉得孩子不干正事，总是搜集树枝、树叶，对他的行为选择无视或者呵斥。	☐
❸ 怕孩子长大对植物、动物感兴趣，觉得从事与动植物相关的工作不是好职业，于是阻止他的捡拾行为。	☐
❹ 担心卫生和安全问题，尽量阻止孩子把搜集的树枝、树叶带回家。	☐
❺ 看到孩子只管种植物或收集树枝、树叶，而不去管理，感到生气并制止他的这些行为。	☐

如果你勾选了上述选项，说明你还需要更多地了解孩子收藏和探究行为的原因及处理方法。

关键知识

5 岁的孩子如果有典型情景中的类似表现，说明他有可能进入了观察动植物、科学实验、收集的敏感期。这时孩子对自然界的探索热情达到了很高的程度，渴望吸收一切来自自然界的知识。这是孩子自发地进行科学探究、认识世界，建构对世界理解的一个过程。他对常见的动植物、物体、物理现象、天气与季节变化、科技产品和环境等身边的事物和现象产生极大的兴趣，并且通过观察、触摸、操作、归类等方式，提升对事物的感性经验，甚至进行初步的总结和系统化，感知自然与人们生活的联系。这个阶段是进行科学教育的最佳时间。父母要认识这个敏感期的重要性，给孩子创造在生活、自然中学习的机会，让孩子们和自然产生联系，学到书本中无法学到的知识。

建议方法

大自然能陶冶身心，也是对幼儿进行科学教育的最好课堂。父母要重视孩子的这个敏感期，可以从以下方面给孩子创造条件。

支持孩子对自然和科学的探索

家长要在日常生活中尊重孩子的自然探究兴趣，支持他种植植物、养小宠物，鼓励他触摸、观察等，不要对孩子过于保护，而扼杀了他探究的热情和兴趣。可以在条件允许的情况下，给孩子充分的时间和空间，让他细心观察动植物，总结动植物的特点或者去验证自己的猜想。在孩子认真观察时，不要去干扰他，对他提出的各种问题要耐心地解答。

善用提问，引发深度观察和思考

孩子的科学兴趣往往来自某个细小常见的生活现象。在探索过程中，最初他对事物的认识会比较片面，往往没有逻辑性和深度。这时，家长可以通过简短明了的提问，带领孩子按照一定的逻辑结构去思考和探究。比如：用“是什么—为什么—怎么样”的逻辑，探究水和冰的关系；用“叫什么名字？是什么颜色？是什么形状？像什么？用来做什么？”等提问，从不同角度加深孩子对某件物品的整体理解。用深度提问探究某些事物和日常生活的联系，比如：“我们洗澡、洗手、洗衣服的水，最后都去哪里了？水会越用越少吗？”通过探究让孩子多一层思考，多一层对社会现象的理解，加深对自然现象的思考，引发科学兴趣。

通过多种活动，加深孩子对科学现象的理解

可以利用周末、假期时间，多带孩子亲近大自然，一起认识不同种类的植被、动物，了解不同阶段植物的不同样貌形态，研究它们的形状、质地、

生长轨迹等，还可以通过做标本提升孩子的兴趣；带孩子去各种博物馆，了解生活中没有或难以直接接触的事物，如恐龙、大海、火山、飞机、飞船等。去博物馆前，如果能先搜索了解博物馆主要陈列物的历史、发展、对人类的影响等知识，在观后和孩子对参观内容进行亲子间的讨论和总结，可以加深孩子的认知。同时，利用电脑、手机等现代信息化手段，搜索相关的话题，观看相关的科普动画片、纪录片，和孩子一起学习，丰富科学知识。

创造家庭科学活动角，耳濡目染多渗透

有条件的家庭，可以和孩子一起讨论、布置一个探究角或者自然区，准备好放大镜、儿童显微镜、尺子、纸张等，和孩子一起把搜集的树枝、树叶制作成标本，收藏在探究角或者自然区；和孩子一起做科学小实验等，并用图片、数字、符号等进行科学日志记录，形成研究性文档；阅读相关的科学启蒙绘本等，对其中感兴趣的话题提出疑问，进行深度探究，得出自己的结论。

重点回顾

5 岁的孩子进入动植物搜集和科学实验的敏感期，对自然和科学的探究兴趣增强，喜欢通过观察、触碰、嗅闻、收藏等方式，对自然界的事物和现象形成自己的认识体验，获得直接经验，并与自己已有的认知经验建立联系，深度了解自然界事物的特征。在此阶段，家长要对幼儿的观察和搜集活动予以理解和支持，允许孩子将收集的物品带回家中进行梳理、分类、收藏，给孩子足够的时间、空间和合适的物品进行观察和实验，耐心解答孩子的提问，并根据孩子提问的情况抛出新的问题，引导孩子进一步探究，让他养成喜欢思考、探究、总结的良好习惯。

家长成长与角色定位

5 岁的孩子心智各方面都有了很大发展，能基本控制自己的行为，但是他动不动会说自己 ×× 疼，格外依恋妈妈，机灵调皮的他时不时向父母“求关注”，还经常犯点让人特别恼火的“小错误”。孩子一天天长大了，犯错了能不能打？如何跟他做朋友呢？

如何同时照顾好两个孩子？

典型情景

丁当，刚过5岁生日。他的弟弟丁灵，刚满3个月。随着丁灵一天天长大，妈妈感到越来越苦恼。抱着弟弟时，只要哥哥在家，他就吵着也要妈妈抱；给弟弟喂吃的，哥哥也闹着要吃。如果妈妈稍不注意，哥哥就情绪激动，又哭又闹，还总说妈妈不爱他了。妈妈照顾哥哥时，弟弟情绪也不好。听着兄弟俩哭声此起彼伏，真是让人崩溃。如何把两个孩子都照顾好呢？

对照判断

看一看，这样的情形在你家里常见吗？

表现	判断
❶ 在陪大宝玩游戏时，小宝哭闹捣乱，照顾小宝时，大宝哭闹不停。	□
❷ 大宝发现小宝在玩自己的玩具，迅速抢走还大哭不止，小宝也委屈大哭。	□
❸ 大宝明确表示不喜欢当哥哥姐姐，不喜欢小宝，说要把小宝送到别人家。	□
❹ 小宝只要见到妈妈抱大宝，就把大宝推开，不许大宝接近妈妈。	□

面对争夺父母关爱的两个孩子，你是怎么处理的呢？

表现	判断
❶ 希望大宝懂事、乖巧一些，却发现和他讲不通道理，甚至事与愿违。	☐
❷ 时刻留意公平，竭力避免顾此失彼，却很难做到事事公平。	☐
❸ 每天围着两个孩子团团转，感觉筋疲力尽，完全没有自己的时间。	☐
❹ 积累了很多压力和情绪，平时尽量压抑着，但会阶段性爆发。	☐
❺ 尽量满足大宝的需要，很多时候会委屈小宝。	☐

如果你勾选了上述选项，说明你还需要进一步学习照顾两个孩子的技巧，请你继续阅读以下内容。

关键知识

养育两个孩子，并不是“1 + 1 = 2”那么简单。孩子都希望自己是家长心目中最特别的那个，因此他们总是要去争取得到比兄弟姐妹更多的优待。一般来讲，在小宝到来之前，大宝已经享受“优待”好几年，大宝看到父母关爱和照顾小宝，出现哭闹等行为是一种正常的心理反应，家长首先要尽可能去适应。其次，养育两个孩子可以做到“1 + 1 < 2”。家长可创造条件鼓励两个孩子共同玩耍或相互照顾，教育大宝学会照顾小宝，小宝尊重大宝，平衡好两个孩子的养育，还要兼顾自我关照，其中不只有加法，也有减法，家长要学会做减法。

建议方法

同时带两个小年龄段的孩子，的确是一个不小的挑战，如果方法得当，也可以轻松应对。

区分需求轻重，不做满分家长

区分孩子的重要需求和次要需求，先照顾孩子重要的紧急需求。比如，大宝因无法拿到绘本而哭闹，小宝因饥饿而哭闹时，优先选择安抚饥饿哭闹的小宝；大宝因为摔倒需要帮忙而哭闹，小宝因为要抱抱而哭闹时，优先帮助大宝。在确保孩子们都安全的情况下，再去抚慰孩子的情绪。养育两个孩子，对于家长而言一定是很辛苦的过程，不求凡事尽善尽美，尽力做到自己的最好，尽最大努力去爱他们已足够。保持轻松平和的心态，对于家长是增强育儿信心的保障，对于孩子们也是宝贵的示范。

遇事放轻松，不求绝对公平

每个孩子都是独一无二的，有不同的喜好和需求。既然有差异，家长就很难做到绝对公平。家长可以放下“一碗水端平”的执念，不必用同一种方式爱每一个孩子。爱的重点是质量，不要为了公平而对爱进行定量分配。在面对手足矛盾的时候，家长尽量不要干涉和评判，不要急于站队和主持公道，尽量放手让孩子们自己解决。当家长相信自己对待孩子并未厚此薄彼时，孩子们才能在生活中感到被平等对待，体验到来自家长的公平，手足之间才能相互理解和支持，减少矛盾。

家庭成员之间做好分工，寻找神奇队友

家长可以就育儿的日常事务进行分工，在孩子们的生活起居和教育陪伴上，成员之间做好相互配合，如祖辈照顾大宝的饮食起居，父母更多地照顾小宝；爸爸多带大宝运动，妈妈多抱小宝玩耍等。当家庭成员通力合作、求同存异、彼此欣赏，共同参与到育儿中，孩子们自然会感受到家庭的凝聚力，在幸福安全的氛围中，孩子们容易获得安全感，会减少很多无谓的哭闹。

抽出时间做个“甩手掌柜”，安心照顾自我

家长自己的“能量杯”满了，才有可能给予孩子和家庭更多的能量。即便时间有限，主要照顾者（比如妈妈）也要尽力抽出一点时间关注自我，把孩子暂时交给祖辈或信任的人，无论是去做做按摩、看场电影、练练瑜伽，还是跟好友畅谈，只要能够照顾到自己的身心需求，都是值得尝试的。照顾者身心舒适了，有利于以更好的情绪状态面对孩子。

妥善安排作息，共享特殊时光

孩子渴望得到家长完整的爱，当这一需要被理解和满足后，孩子就会感到安心，也会更加平和地面对兄弟姐妹。因此，家长要妥善安排两个孩子的作息时间，尽量创造与两个孩子独处和共处的时间，用心制作一份特殊时光表，安排好与每个孩子的“独处时光”和两个孩子的“共处时光”。在特殊时光段，家长全心全意地和孩子们在一起，在有限的时间里更高效地陪伴两个孩子，也让孩子们有机会享受手足之间的美妙时刻，这样能增进手足情谊，大大减少家长照顾孩子的时间和压力。

重点回顾

同时照顾两个低年龄段孩子会给家长带来新的挑战，家长要做足心理准备，特别是担任主要照顾任务的一方，要调整好心态，不要对自己太苛刻，也不要照搬当年照顾大宝的经验来照顾小宝，而要兼顾两个孩子的紧急需求，让另一个孩子学会等待，不做满分家长。家长还要学会在家庭成员间从容分配与处理不同的照护任务，尝试理解孩子间的纷争，根据不同的照护目的制定一份特殊时光表，忙里偷闲地照顾好自己，让家庭氛围轻松融洽，使孩子们受益其中。

孩子犯错了能不能打？

典型情景

睿睿，男孩，5 岁 7 个月。有一天，他一大早在客厅玩球，妈妈多次提醒仍没停下。突然，球砸倒了桌上的茶杯，茶杯滚到桌下摔碎了，杯子里的水正好泼在了妈妈的手机上，睿睿吓坏了。在房间里打扫卫生的妈妈听到声响，出来一看，顿时火冒三丈，大声斥责睿睿不听话，抓住他的衣领狠狠地打了他一顿。睿睿当场哭了起来，冲进房间谁也不理了。傍晚的时候，睿睿玩球又把家里的一个漂亮小碗打碎了。妈妈边清理碎碗碴边想，这孩子打了似乎也没用，该怎么教育呢？

对照判断

看一看，你家孩子犯错后有没有下述表现？

表现	判断
❶ 还没等家长说话，孩子自己先憋红了脸，哭了起来。	□
❷ 面对家长的质问，不愿意承认自己做错了事，总会找各种理由。	□
❸ 一声不吭，问什么也不说，只是愣愣地低头站着。	□
❹ 总是哭着认错，承诺再也不这样做了，但过几天又犯同样的错误。	□

想一想，面对孩子的犯错行为，你是如何处理的？

表现	判断
❶ 一般情况下都会火冒三丈，大声斥责他，偶尔还打他。	☐
❷ 把孩子关到他的房间里让他反思，不承认错误就不让吃饭。	☐
❸ 只要孩子解释或顶嘴，抄起身边的家伙就打他。	☐
❹ 先不厌其烦地讲道理，如果孩子犯同样的错误，会忍不住打他。	☐

如果你勾选了上述行为，说明你还需要进一步了解控制情绪的办法，妥善面对犯了错的孩子。

关键知识

我国《中华人民共和国反家庭暴力法》和《中华人民共和国家庭教育促进法》都明确："不得实施家庭暴力"，"未成年人的监护人应当以文明的方式进行家庭教育，依法履行监护和教育职责"。在孩子犯错时，要避免激烈的打骂或暴力行为，否则可能触犯法律。另一方面，5 岁的孩子有了较强的自我价值和自尊意识，如果父母常用打骂行为去纠正、调整孩子，可能会让他产生自卑心理，甚至留下心理阴影。家长可以跟孩子说出自己的感受，让孩子知道他的行为造成了什么后果，以及你对此感到不满，并让孩子适度承担他的过失，如清扫打碎的茶杯。如果孩子屡次教育仍不改正，可以试试"暂时隔离法"。

建议方法

由于认知和发展不成熟，5 ~ 6 岁孩子常常会犯错误，有时还让家长难以忍受，这时候到底怎么办才好呢？

提高容错度，与孩子一起分析他的错误

家长要学会控制情绪，提高自身的容错度。孩子是在不断地试错中成长的，家庭是心灵的港湾，也是孩子犯错、改错的地方。当孩子犯错后，家长应在自身冷静的情况下，先稳定孩子的情绪，确认孩子的安全，然后搞清楚以下几件事：发生了什么事情？孩子的感受如何？孩子想要怎么样？孩子觉得有什么办法可以弥补？这些方法会起到什么样的效果？孩子决定怎么做？家长需要提供哪些帮助？最终结果如何？毕竟在孩子犯错后，惩罚不是目的，与孩子一起处理错误的后果，帮他总结经验教训，纠正错误才是最重要的。而打孩子，其实是对孩子一种较重的惩罚。

共同定家规，犯错后让孩子接受惩罚

俗话说“无规矩不成方圆”，每个家庭有自身的运行规则，孩子也需要适应社会的既定规则。5 岁的孩子已经逐步进入他律道德阶段，具有强烈的规则意识且能服从成人权威，在家庭中可以由父母和孩子共同制定规则条款，约定违反规则的惩罚措施。这些措施可以是“小屋”反省 30 分钟、家庭打扫任务、减少游戏时间、取消周末出游活动等，然后全家共同遵守。这样，孩子就能知道哪些行为是错误的，犯了错误会受到什么样的惩罚，有助于反思、记忆和改正。当然，如果是家长与孩子一起承担的事情，家长犯了错误也要坦然接受相应的惩罚，为孩子树立榜样。

情急之下打了孩子，事后要及时沟通

有时候孩子会去做一些危险的事情，或者造成极其严重后果的事情，尽管家长一再告诫和提醒孩子，他也不一定听取，当他依然犯错时，家长很容易控制不住情绪而动手打孩子。此时，家长要考虑的不是只要阻止孩子犯错就完事了，而要在打了孩子之后及时找时间与他沟通。孩子刚挨完打，一定很伤心委屈，等孩子情绪平稳后，家长可以温柔地抱着孩子，告诉他为什么

会挨打、怎样避免挨打，让孩子知道虽然父母打了他，依然非常爱他，只是对事不对人，避免孩子产生厌恶、仇恨等负面情绪。

让孩子多参加家庭建设，增进对父母的理解

孩子生活经验少而不成熟，常常把妈妈刚刚打扫过的房间又弄乱了，得知爸爸没有时间陪伴自己一起去公园就会无理取闹，或者不小心把牛奶打翻了、把碗打碎了，甚至偷偷拿了幼儿园小朋友的玩具等。父母要判断孩子所犯错误的大小，了解他的行为特点和行为背后的原因。如果不是原则性问题，尽量不要打孩子，可以让孩子多参加家庭建设，帮父母干力所能及的家务劳动，如擦桌子、择菜、整理玩具、拖地等，让孩子把更多时间放在家里的事情上，理解和感受大人的艰辛和付出，提升自理能力和综合协调能力，减少犯错。

对顽固性错误行为，运用“暂时隔离法”

英国有一部家庭教育电视节目《超级保姆》，采用实景跟拍真人秀的模式，记录从事全职保姆 15 年的主持人帮助解决养育问题的过程，其中宣扬的一种方法可以称为“暂时隔离法”，即在孩子发生不良行为后，立刻将他置于一个安全、乏味的地方，告诉他必须在那里待够一定时间，而且什么事情也不能做。在隔离期间，孩子失去了父母的关注，无法再做让父母生气或不安的行为，也不能玩游戏或参加有趣的活动，就会对自己的错误行为有较强“领悟”。即便一次隔离不成功，反复的短暂隔离也能很快消除不良行为，或者持久地终止某些不良行为。“暂时隔离法”是惩罚和纠正孩子犯错误的良方之一。“暂时隔离法”共有 8 个步骤：

❶ 在孩子犯错后，用轻松的口吻告诉他停止这样做；

❷ 用严肃的语气给孩子一个警告；

❸ 根据孩子的年龄，让他去冷静一会儿（隔离）；

❹ 告诉孩子让他冷静的原因；

❺ 如果孩子反抗，出现一次反抗重新计算一次时间，隔离过程中不再和孩子说话；

❻ 在孩子完成冷静时间后，再一次告诉孩子让他冷静的原因；(7) 让孩子为他犯的错误道歉；

❼ 给孩子一个拥抱或亲吻，让他知道父母依然爱他。这种短暂隔离的方式，能让孩子感到他的行为是错误的，父母是不喜欢的，但父母依然爱他，能在保持良好亲子关系的情况下，纠正孩子的错误行为。

重点回顾

5 岁的孩子随着自我意识和能力的增强，日常生活中犯错的概率大大增加。家长要学会控制情绪，提高自己的容错度，在孩子犯错后一起与他分析错误的原因、处理结果及改正错误的方法，还可以与孩子一起制定规则，并明确违反规则后的惩罚。如果家长情急之下打了孩子，切不可一打了之，要在孩子情绪稳定后，拥抱并告诉他为什么打他，怎么做才能避免挨打等。如果孩子的错误行为比较顽固，家长可以试试“暂时隔离法”。另外，要在日常生活中经常让孩子参与家庭建设，让他体会父母的艰辛，营造民主氛围，能减少孩子犯错的概率。我国《中华人民共和国反家庭暴力法》《中华人民共和国家庭教育促进法》规定，家长不应该在孩子犯错时通过暴力手段来解决问题。

如何处理好孩子“求关注”的心理？

典型情景

西西，5 岁 7 个月。幼儿园老师反映，最近西西越来越喜欢捣蛋：故意用手碰其他小朋友，午睡时抓挠已入睡的小朋友，排队时用手推搡他人，参加集体活动时大声说话等。老师找家长谈话，问家里发生了什么事，让妈妈特别关注一下西西。西西的妈妈刚生完二胎，实在忙不过来，见西西也没啥大问题，就告诉他要听老师的话，不能在幼儿园捣乱。然而，一周后老师再次找到了妈妈，说西西依然经常捣乱。西西到底怎么了？家长该如何帮助他呢？

对照判断

看一看，你家孩子有过下列行为表现吗？

表现	判断
❶ 在幼儿园经常故意干扰别的小朋友，还说脏话：“你这个臭孩子，真讨厌。”老师教育他的时候，他却显得很高兴。	□
❷ 在家总和家长唱反调，比如要求他安静一会儿，他却偏要嚷嚷。	□
❸ 哪怕是一点小事也喜欢分享，不管爸爸妈妈是否在工作，“妈妈快看！”“爸爸你听我说！”这样的话语不绝于耳。	□
❹ 变得比以前更娇气了，遇到一点小事就哭鼻子，频繁地让爸爸妈妈抱抱。	□

这些可能都是孩子“求关注”的行为，你是怎么处理的呢？

表现	判断
❶ 觉得孩子有学坏的倾向，狠狠地教育他。	☐
❷ 认为孩子学坏了，认真给他讲道理并惩罚他。	☐
❸ 感觉孩子变了，但不知道是怎么回事，有点迷惘。	☐
❹ 对孩子的行为置之不理，事后也不沟通。	☐

如果你勾选了上述处理方法，说明你对孩子“求关注”的行为还不够了解。请你继续阅读以下内容。

关键知识

5岁的孩子开始发展抽象思维，有意识的行为增多，当他通过“好”的事情得不到他向往的表扬和鼓励时，就会有意去做“坏”的事情寻求大人关注，他认为即使是责骂和惩罚也比得不到任何关注好。心理学把这种现象称为“受潮土豆片定律”，即如果孩子得不到又香又脆的土豆片，他一定会把唯一能得到的受潮的土豆片弄到手。也就是说，如果孩子唯一能得到的是反面关注，他也会抓紧它，因为这比完全没有关注要好很多。所以，家长发现孩子突然出现很多反面行为时，应及时回顾和反思自己对孩子的关注情况，加强对孩子的关爱和照顾。

建议方法

孩子“求关注”是给家长的一个良好信号，家长要读懂并善于处理。

理解“捣蛋”背后的需求，对“捣蛋”行为冷处理

5 岁的孩子出现极尽胡闹的现象时，他真正想要表达的是“请给我关注”。研究发现，当孩子安静时，大人通常会忙其他事情，而一旦孩子捣蛋或闯祸，大人就会马上关注他。当他确信他的“坏”行为能成功地激起大人的反应时，他会更倾向于用这种行为吸引大人的关注，即使被批评也无所谓。所以，一旦家长发现孩子突然频繁做“出格”的事情，要去了解孩子“求关注”的心理，而不是担心或惩罚。面对孩子的这种行为，家长可以把孩子带到一个他能独处的地方，平静而就事论事地告诉他这种行为不受欢迎，但他可以用自己的方式宣泄。等孩子宣泄完了，家长给他一个拥抱，告诉他父母今后会更加关心他，希望他不要再用捣乱的方式寻求关注。

识别孩子的“求关注”行为后，要给予积极关注

父母、教师、好朋友都是孩子生活里的重要他人，当家长过于繁忙、教师的关注点被其他小朋友分散、好朋友有了新的朋友时，都会对孩子的社交产生很大的影响。因此，教师和家长要学会识别孩子的“求关注”行为，不要简单判定孩子“学坏”了，而是及时了解孩子的需求，给他解释清楚原因，并多用鼓励、称赞、赞扬等方式，让他感受到时刻被家长稳定地爱着，从而树立自信心和自尊心，产生改善、向上的动力，杜绝调皮捣蛋的行为。家长要特别注意，当孩子跟你交流时，不要头也不抬地用一声“哦”“嗯”回应孩子，要面向孩子，认真听他说或看他“表演”，用给他一些点评、提一个问题、一个微笑、时不时地点头等方式进行有效回应，让孩子的价值感和安全感得到满足。

掌握爱的对话技巧，让孩子在被信任中学会等待

当家长在工作而孩子要求关注时，可以尝试以下 6 个步骤：

❶ 停止当下手头的工作。

❷ 呼唤孩子的名字后稍作停顿，让孩子感知停顿后带来的连接感。

❸ 反问孩子："你想要找爸爸 / 妈妈，是吗？" 随后对孩子的需求继续反问："你想要爸爸 / 妈妈抱抱是吗？"

❹ 缓慢表达，面带微笑。

❺ 拥抱、摸摸头等肢体语言让孩子感受被爱与被接纳。

❻ 语言表达爱与相信："爸爸 / 妈妈爱你，但我现在需要先把手头的工作完成，你可以先自己玩 10 分钟，不打扰爸爸 / 妈妈吗？" 当孩子内心的期望得到家长的理解时，就有能力做出应有的等待。

与孩子签订行为契约，高频次强化正面行为

经与孩子友好协商，列出孩子和家长都希望达到的切实可行的目标行为，以及相应的奖惩方法。然后，家长和孩子都按照契约执行，孩子履行契约后保证兑现奖励，不因一些小事打破契约的规则。当孩子感到契约对他有好处时，履行便会成为他的一大乐事，也会因此逐步改掉"出格"行为。而且，在整个过程中，家长要及时关注到孩子正面的行为和品质，进行表扬、奖励和强化。当孩子"求关注"心理得到满足后，他便没有必要用消极方式吸引注意。家长还要注意多用正面语句传递积极信息，如用"请你把废纸扔进垃圾桶里"，突出"扔进垃圾桶里"，而避免使用"不要乱扔垃圾"等消极语言，让孩子只关注到"乱扔垃圾"。家长的示范、语言等，对孩子至关重要，能帮助孩子树立健康心理，收获更美好的成长。

重点回顾

当 5 岁孩子通过一些不合时宜的、捣蛋式的“求关注”行为进行宣泄时，家长不要认为孩子学坏了，而是要冷静思考“捣蛋”背后孩子的需求，识别和理解他的行为，冷处理他的“捣蛋”行为后，给予无条件的积极关注，多鼓励、赞扬孩子，让他树立自信心和自尊心。当孩子寻求不适宜的关注时，家长可以使用爱的对话，教孩子在被信任中学会等待。对孩子出现的不恰当行为，家长还可以与孩子签订行为契约并认真履行，还要注意多使用正面语言，高频次强化孩子积极的行为，帮助他树立健康心理和正确的行为意识。

父母如何与孩子做“朋友”？

典型情景

奋奋，进入大班后，越来越不爱跟父母交流了。放学回家，父母问一句他就答一句，不问就只顾自己玩；想做的事跟父母说一说，父母同意就做，不同意好像也无所谓；不经意间，还会做出一件让父母无法收场的麻烦事。平时，妈妈总觉得奋奋小，很少跟他沟通，不知道他的小脑袋瓜在想什么，现在觉得自己应该做出改变，与孩子加强沟通，做奋奋的朋友，但怎么才能做到呢？

对照判断

看一看，你是如何对待孩子的，达到做“好朋友”的标准了吗？

表现	判断
❶ 孩子的吃穿住行都是家长安排的，家长对他无微不至的关心远甚于“好朋友”该做的。	☐
❷ 刚上幼儿园的时候，孩子有什么事都会跟家长说，上了大班后只有问他他才会说。	☐
❸ 孩子在家没大没小，对父母直呼其名，和父母当然是“好朋友”。	☐
❹ 平时无条件地满足孩子的物质需求，但强调孩子必须听家长的话，遇事从不与孩子商量。	☐
❺ 对孩子放任自流，让他充分地玩，不关注他的内心想法，也不关注行为。	☐

如果你勾选了上述选项，说明你还不太了解如何跟孩子“做朋友”，请你继续阅读以下内容。

关键知识

孩子与父母的关系，主导权在父母。因为孩子与父母属于“不对等的并列关系”，孩子越小，父母对孩子的影响越大。孩子幼年时期与父母相处的状态，很大程度上决定他未来的生活、情感和人际状态。美国心理学家戴安娜·鲍姆林德研究了超过 100 位学龄前儿童，通过自然观察、家长访谈等研究方式，将父母划分为四种类型：专制型、权威型、溺爱型、忽视型。她认为不同类型父母的教养方式，影响甚至决定着孩子的一生。在现实生活中，如果父母能以权威型教养方式为主，灵活运用多种方式，加强与孩子沟通，重视孩子的意见，成为孩子无话不谈的朋友，是培养孩子健康人格的基础。

建议方法

让我们共同了解一下如何做孩子的“好朋友”吧。

了解四种类型的父母，诊断家庭教育模式

四种类型的父母主要是根据家长对孩子的关心和控制程度划分的。

❶ 专制型。父母很强势，经常要求孩子服从命令，基本不考虑孩子的感受。这种孩子长大后容易走极端，要么一切听别人的，讨好、懦弱，形成讨好型人格；要么跟父母一样控制欲强，冲动、暴力，成为父母的翻版。

❷ 忽视型。这种父母眼中无孩子，长期缺席孩子的生活，不能给孩子有效的陪伴，对孩子基本不管不问。这种孩子从小缺爱，容易形成成瘾性人

格，孤僻、易怒、焦虑，常常缺乏安全感。

❸ 溺爱型。父母没有原则，只要是孩子的需求都极尽所能满足，这种方式容易养出“熊孩子”，没责任、没担当，不懂感恩且唯利是图。

❹ 权威型。这种父母既引导孩子，又要求孩子，能以身作则，给孩子立规矩、树榜样，和孩子做朋友，态度是温和的，行为大多是坚定的。孩子长大后有规则意识和探索精神，阳光积极，会沟通、爱思考，社会适应能力强。大多数研究者认为，以权威型为主的教养方式相对较好。但现实生活中，教养方式很少有固定和单一的模式，多数家庭是以某种方式为主，兼顾两种甚至多种教养方式的变换或者组合。家长可对照四种类型父母的特征及其教养结果，诊断自己的教养模式并适度调整。

修正家庭教育模式，成为孩子的真朋友

对四种类型的父母了解后，可根据孩子的性格和特点，适度修正家庭教育模式，努力形成以权威型为主的教养模式。如对天生胆小敏感的孩子，可以多给予自由和尝试机会，鼓励孩子表达、表现；对天生冲动的孩子，适当地“武断”一些，限制他的部分行为，鼓励他学习思考；对天生喜欢表现的孩子，一定的忽视也是需要的，让他学会收敛自我。另外，孩子的心理状态随外界环境而变化，在不同情境下，家长可以巧妙运用不同类型父母的特征，灵活对待和处理孩子的行为。如孩子最近比较骄傲，可适度忽视他；孩子一段时间胆大妄为，要“专断”禁止他的某些行为；等等。但无论何时，父母都要努力成为孩子的真朋友，具体做到：

❶ 尊重孩子，给他自立、自尊、自爱的机会。让孩子自己的事自己做，不过度干涉他交朋友，不随便翻找孩子的收藏物品等。

❷ 了解孩子。每天和孩子聊聊天，多了解孩子的学习、交友情况，尽量不妄加评判，建立彼此的信任感。

❸ 平等地与孩子交流，尊重孩子的想法和行为，在孩子遇到困难和挫

折时，主动鼓励和支持，让孩子产生满足感。

❹ 给孩子参与家庭事务的权利，包括共同制定家庭规则，共同决定旅游线路，经常召开家庭会议等。

激发孩子的表达欲望，适度融入孩子的生活

朋友是相互信任和支持的。家长要多和孩子讨论事情，多听取他的意见，给他充分的自由发挥空间，不压制他的好奇心和积极性，让他有机会发现自己的兴趣，也有机会自主发表意见。当孩子表现兴趣或发表意见时，尽量创造条件予以满足和支持，增强孩子的自信心和与家长的亲近感。同时，家长适度融入孩子的生活，经常参与他的活动和游戏，经常和他一起参加各种活动，在游戏和活动的放松环境中，增加语言沟通和肢体接触，增进彼此之间的感情，成为孩子可以信赖的朋友。

正确处理负面行为，权威之中不乏柔情

父母与孩子的“友谊”，主要是在父母与孩子缺乏沟通或处理孩子负面行为中丢失的。父母在与孩子建立良好的沟通机制时，要学会正确处理孩子的负面行为，特别要注意控制情绪和站位，不高高在上，不给孩子摆脸色、下命令，真诚地帮助孩子分析犯错的原因和后果，进行适可而止的惩罚后说明原因，鼓励和拥抱孩子，给他最诚挚的安慰，让他认识到错误，感受到家长的爱和关心。而且，家长在日常生活中犯了错误时，要直率地承认，真诚地向孩子道歉，不给孩子留下“父母不会有错误”“父母永远不犯错误”的印象，让孩子切实感受到父母的真诚、尊重与平等，这样他会更加信任父母，愿意和父母做朋友。

重点回顾

父母与孩子是一种“不对等的并列关系”，父母是相对强势的一方。根据父母对孩子的控制程度，美国心理学家把父母的教养方式分为专制型、忽视型、溺爱型和权威型。其中，权威型父母尊重孩子，给孩子有边界的自由，被公认为是相对较好的教养方式。父母可根据四种教养方式的特征与后果，主动对标、改进，争取形成以权威型教养为主、其他方式适当配合的教养方式，让孩子永远感受到父母的爱和关心，相信和信赖父母，使自己成为孩子无话不谈的真朋友。

孩子事事都依赖家长怎么办？

典型情景

曦曦，已经上大班了。在家里他拿到零食后，总是会说“爸爸，帮我撕开”；吃完饭从不帮着收拾碗筷，吃完了就会喊妈妈收拾碗筷；老师让他给一幅画涂颜色，他一遍遍问妈妈是涂红色、蓝色还是黄色；幼儿园布置的亲子手工作业基本是妈妈的任务，他只坐在旁边欣赏；自己从不收拾玩具，看见妈妈生气了才胡乱收两下，到头来还是家长收拾……眼看马上要上小学了，曦曦事事都依赖家长，老师说这样下去他以后会无法适应小学的生活。应该怎么办呢？

对照判断

看一看，你家孩子有下列现象吗？

表现	判断
❶ 孩子的几乎所有事情都是家长做的，他自己从不做。	□
❷ 孩子幼儿园的作业都是家长完成的，如果家长不帮忙，孩子就不做。	□
❸ 带孩子去商场购买他需要的物品，颜色、款式等全由家长决定，即使问了孩子他也没意见。	□
❹ 去哪儿玩、看什么书、穿什么衣服都是家长决定的，孩子似乎没啥主见。	□

想一想，面对事事都依赖家长的孩子，你是怎么处理的？

表现	判断
❶ 孩子还小，依赖家长很正常，很多事情随手就帮他做了。	☐
❷ 明白孩子正逐渐长大，不应该事事依赖家长，但孩子已成习惯改不了了。	☐
❸ 跟孩子反复讲道理，自己的事情要自己做，到头来还是家长做的。	☐
❹ 怕孩子受到伤害，尽量不让他做家务，还会帮他完成幼儿园布置的任务。	☐
❺ 嫌弃孩子做事慢，能做的事尽量大人来做。	☐
❻ 给孩子制定家庭规则，鼓励他独立做事，但在实际生活中没有执行。	☐

你有以上的行为和想法吗？培养孩子独立思考和自理能力很重要，如果孩子事事都依赖你，说明你需要努力加以调整。以下内容对你会有所帮助。

关键知识

5 岁的孩子已经有了很强的自理能力，面对问题能自己思考并清晰表达，愿意自己做出选择，有了一定的自主精神。如果孩子在这个年龄段还事事依赖家长，可能会出现心理学上的“毛毛虫效应”，即盲目跟从习惯和思维惯性，没有主见，总是依赖他人而做出反应，最终很容易导致行为失败。在家庭教育中，如果家长事无巨细地照顾孩子，什么事情都帮孩子做决定，很容易导致“毛毛虫效应”，造成孩子缺乏独立意识，凡事依赖父母，需要父母帮着操作或做决定。随着孩子的年龄增长，家长要逐步培养他的自理能力和自主意识，教会他独立思考、自主行为，培养他成为一个独立自主的健康孩子。

建议方法

培养孩子的独立性，不养成事事依赖家长的习惯非常重要。如果你有这方面的烦恼，请阅读以下建议方法。

了解“毛毛虫效应”的来历，理解其危害

法国昆虫学家法布尔曾经做过一个著名的实验，称之为“毛毛虫实验”。他把许多毛毛虫放在一个花盆的边缘，使其首尾相接，围成一圈，在花盆周围不远的地方，撒了一些毛毛虫喜欢吃的食物。毛毛虫开始一个跟着一个，绕着花盆的边缘一圈一圈地走。非常遗憾的是，毛毛虫没有像法布尔想象的那样去找它们爱吃的食物，而是盲目跟着前面的路线走，最终因为饥饿和精疲力竭而相继死去。后来，科学家把这种喜欢跟着前面路线走的习惯称之为“跟随者”的习惯，把因跟随而导致失败的现象称为“毛毛虫效应”。幼儿因为心理尚未发育完善，对世间万物万象仍处于懵懂无知状态，如果家长过于强势、事事替代或包办过多，常常会出现这种“毛毛虫效应”。这种太过依赖他人的性格，对孩子的成长极为不利，会严重影响孩子的学习生活。

不做习惯性介入者，创造自主自立生活空间

孩子出现“毛毛虫效应”，大多是因为家长习惯性介入孩子的生活，理所当然地认为孩子太小，需要父母的帮助，从来不跟孩子商量或征求孩子的意见造成的。由于孩子还小，做事情笨手笨脚或看起来笨手笨脚的，家长很容易自己代劳，感觉这样省心、省力气，事情做得又快又好。结果却是孩子没有机会做事情，无法得到锻炼，因为总是看到家长好厉害，慢慢地就失去了尝试的勇气，也失去了自我。所以，随着孩子长大，在孩子具备相应的能力后，家长应逐步退出孩子主导者的舞台，把属于孩子的空间还给他。如果家长仍以爱的名义捆绑孩子，帮助孩子做决定和操持所有事情，这种看似伟

大的牺牲，其实是对孩子最大的伤害。所以，随着孩子一天天长大，家长要慢慢信任孩子，学会尊重孩子的需求和意愿，放手让孩子自己做决定，打理自己的日常生活，做力所能及的家务劳动等。平时注意观察并与孩子沟通，在孩子需要时，给予及时的帮助；在孩子不需要的时候，主动“退居二线”。

鼓励孩子自己寻找答案，肯定他的自主行为

5 岁的孩子仍处在好奇心很强的年龄段，会无端地问很多问题，这时家长要尽量避免直接回答，而是鼓励孩子自己寻找答案。对可以通过观察、操作、探究得出结论的问题，引导孩子自己去观察、操作和探究；对一些自然知识、社会历史、科技等问题，引导孩子翻阅书籍、查找资料，通过探寻得到答案。同时，要善于发现孩子生活中的自主思考和自我服务的闪光点，发现他自己穿鞋子、自己摆好了刷牙杯、自己在阅读图书等，都要及时给予积极的肯定，让孩子感到自己探寻和做事的快乐，慢慢放大这种行为。

一起商量解决方案，从“一”做起慢慢改变

如果孩子的依赖行为比较严重，可以召开一次家庭会议，讨论一下家庭生活分工，并将其作为家庭规则记录下来。通过会议给孩子约定一个小小的改变，如自己吃早餐、自己穿鞋子等，让孩子从容易做到的一件事情做起，提高自我效能感，慢慢减少生活上对家长的依赖性。同样的方法，也可用来培养孩子的自主精神，如自己选颜色涂画、自己做手工等，鼓励孩子自己构思并勇于表达自己的观点和理解。相信只要家长有耐心，不急于求成，给孩子创造一点点改变的机会，5 岁的孩子很容易就能脱离“毛毛虫效应”。等孩子上了小学以后，这种惯性就不容易改了。

重点回顾

5 岁多的孩子，其实是喜欢跟着父母一起尝试做事情的，但如果父母事事操心、代替包办，孩子会因习惯和思维惯性出现“毛毛虫效应”，凡事依赖父母而导致不会自主思考和做事。家长要知晓“毛毛虫效应”的危害，不做孩子生活的习惯性介入者，给孩子创造自立、自理的生活和学习空间，鼓励孩子提问并自主寻找答案，通过鼓励他的自主行为来提升他的自主积极性和能力。如果孩子的依赖行为比较严重，家长要有耐心，与孩子约定从生活中的一件件小事的改变做起，慢慢建立孩子的自信心和自主精神，帮助孩子摆脱“毛毛虫效应”。

亲子沟通与有效互动

5 岁的孩子，自尊心越来越强，只能赢不能输，输了很容易跟同伴发生冲突，有的还会对二宝极尽排斥，会像模像样地关心父母，突然对死亡现象发生兴趣……家长该如何跟这个阶段的孩子沟通和有效互动呢？让我们走入以下主题。

孩子做游戏一输就发脾气怎么办？

典型情景

乐乐，5岁7个月。妈妈发现他玩游戏输了就会发脾气。这天，乐乐和多多一起玩五子棋，刚玩了10多分钟，妈妈就听到棋子哗啦啦被扔到了地上。原来，乐乐和多多接连下了三盘棋，乐乐都输了，他突然特别生气，叫着“不玩了，不玩了”，哗啦一声就把棋盘和棋子推到了地上。这已经不是第一次了，妈妈很担心，乐乐这种一输就发脾气的特点，如果形成性格会影响一生，怎么办呢？

对照判断

看一看，你家孩子有下面这样的行为吗？

表现	判断
❶ 做游戏输了常常不能接受，会大声吼叫、发脾气。	□
❷ 做游戏输了特别气馁，会拒绝继续玩耍。	□
❸ 做游戏输了会越挫越勇，要不停地玩，直至他赢。	□
❹ 无论跟谁玩游戏，一旦输了就不再跟他玩，专门找自己能赢的对象玩游戏。	□

面对孩子玩游戏输了的表现，你是怎么做的呢？

表现	判断
❶ 告诉孩子输赢是正常的，他的表现是不对的，不可以这样。	☐
❷ 告诉孩子他的行为是笨和弱的表现，厉害的人是把本领变强，玩游戏时不会输。	☐
❸ 对孩子不理不问，让他自己消化情绪和脾气。	☐
❹ 如果孩子发脾气，就用比他更大的脾气批评他，让他不敢再发脾气。	☐
❺ 告诉孩子一定要赢，这样今后学习时才有上进精神。	☐

如果你勾选了上述选项，说明你还需要继续阅读了解更多关于培养孩子竞争意识的知识。

关键知识

5 岁的孩子有了竞争意识，好胜心萌发，希望通过“赢”来获得自我价值感，这是一种积极心态。但好胜心是一把双刃剑，好胜心过强的孩子往往难以承受挫折，一旦输了就容易情绪低落。家长要敏感地捕捉到孩子的发展特点，理解孩子想“赢”的心理，保护和培养孩子的适度好胜心，同时要引导孩子正确面对输赢，学会控制情绪，建立正确的输赢观。

建议方法

接纳情绪，肯定孩子想“赢”的心态

5 岁左右的孩子情绪控制能力还在发展中，游戏输了后哭闹、发脾气是一种正常反应。家长首先要接纳孩子的情绪，用理解的语气跟他说：“输了游戏你很难过，所以发脾气了，对吗？”让孩子先消除发脾气或大哭的情

绪。待他情绪稳定后，要肯定他想“赢”的心态，并告诉他输了也没关系，仍是妈妈的好孩子。比如，可以跟他说：“你想赢是对的，要有好胜心，但如果输了也很正常，输了不开心可以告诉妈妈，发脾气/哭泣不好啊。”不要认为孩子不懂事，大声指责或者批评他，那会加重孩子对失败的负面感受，且起不到教孩子控制情绪的作用。

教育引导，让孩子理解“输”的价值

认识到孩子“输不起”后，要加强有意识的教育引导，告诉孩子在比赛或竞争中“输”是一种必然状态，与“赢”一样有很大价值，关键是输了后的心理状态。常言说“失败是成功之母”，“输”显示了自己与别人的差距，是努力进取，实现下一次“赢”的基石。“输”了后不陷在负面情绪里，坦然接受，认识差距，更加努力，是面对“输”应该有的状态。可以和孩子一起阅读关于“输”的绘本，如《输不起的莎莉》《我想赢，也不怕输》《我赢了，不，我赢了，不，我赢了》《不是每次都要赢》等，让孩子理解即使游戏时输了也能保持良好心理状态，这比赢更加重要，从而逐步克服强烈的负面心理。

反思原因，创造机会感受输赢

从心理学角度看，怕输是人的一种本性。但是，如果孩子输了经常发脾气，家长要反思一下自己的教育方式：是否对孩子期望过高？是否在玩游戏时经常故意让他赢？是否太多的简单表扬使孩子自信心爆棚？是否孩子以前接触这个游戏比较少？等等。在厘清原因后，有意识地重新组织游戏活动，先让孩子赢多输少，慢慢向赢少输多过渡，充分感受和体验输赢的感觉。当孩子发现输了最多难受一点点，不会给生活带来不好的变化时，慢慢地就会对输赢保持一颗平常心。

重新建构，树立正确输赢观念

如果孩子输不起，他潜意识里的输赢观是需要调整的。家长在日常生活中，可先讲讲大人输的经历，告诉孩子“爸爸参加篮球比赛输了，但仍然每天打篮球”“妈妈参赛的论文没获奖，妈妈准备再写一篇更优秀的”，帮助孩子明白在成长过程中，每个人都有输有赢，赢了当然开心，输了不高兴很正常，但不能让输“控制”了自己而大发脾气，要努力争取下一次赢。游戏中，还要引导孩子多关注过程，只要在过程中开心快乐或者努力了就好，结果的输赢不重要，帮孩子树立正确的输赢观，减少对结果的过度关注。

重点回顾

幼儿时期的孩子好胜心萌发，但由于心智尚不完善，无法有效控制自己的情绪，游戏输了会大发脾气或大哭。遇到这种情况，家长首先要接纳孩子的情绪，给他正常的发泄时间，肯定他想“赢”并没错，告诉他“输”也是生活的一种状态，需要学会接受。如果孩子经常输了发脾气，家长要反思教育方法并适度调整，创造机会让孩子体验或感受输赢，慢慢建立正确的输赢观。

大宝总是无缘无故欺负二宝怎么办？

典型情景

淇淇，5岁半。家里添了妹妹后，淇淇一开始对妹妹还亲亲、抱抱，但随着妹妹会走路、会说话，他开始找各种机会欺负妹妹，把妹妹正在喝的奶瓶抢过来不让她喝，把妹妹抱在怀里的玩具熊扔得远远的，无缘无故打妹妹两下……看着妹妹哇哇大哭，他得意地躲在旁边笑。妈妈教育了很多次，三令五申不许淇淇欺负妹妹，收效甚微，到底该怎么办呢？

对照判断

想一想，你家大宝在对待弟弟妹妹时有下列行为吗？

表现	判断
❶ 因为弟弟妹妹打扰了他的学习，他会打骂弟弟妹妹。	□
❷ 和弟弟妹妹抢玩具或者食物。	□
❸ 弟弟妹妹做错了事被批评时幸灾乐祸。	□
❹ 对弟弟妹妹的求助不理睬。	□

看一看，面对大宝欺负二宝的行为，你是怎么处理的呢？

表现	判断
❶ 坚决制止大宝欺负二宝，发现了就狠狠批评。	☐
❷ 只要大宝没有让二宝受伤，就不怎么管他。	☐
❸ 给大宝讲道理、定规矩，希望大宝不要欺负二宝。	☐
❹ 尽量不让大宝接触二宝，防止他欺负二宝。	☐
❺ 让大宝帮助照顾二宝，慢慢接受并学会爱护二宝。	☐
❻ 向大宝反复告知二宝的重要性，警告他不许欺负二宝。	☐

如果你勾选了除第 5 项以外的选项，说明你还需要阅读以下如何平衡两个孩子之间的关系、引导他们和平相处的知识。

关键知识

美国杰出心理学家、儿童发展教育学家劳伦斯・科恩认为：所有的孩子都有手足相争情结，当父母没时间、没精力提供帮助时，孩子就会用攻击行为来解决心中关于爱和被爱的问题。大宝无缘无故欺负二宝是手足相争的典型表现，心理学称之为“手足之争”。这种现象产生的原因，多半是因为二宝出生后，父母的关注焦点很自然地转移到了二宝身上，结束了大宝独享家中一切的状态，他为此感到失落、孤单和惶恐，随着时间推移，他会把这一切归结为二宝的到来并产生“攻击”行为。“手足之争”不是必然发生的，如果家庭提前做好功课，手足之间更多的是安然相处、互相帮助。

建议方法

审视自我，理解大宝的行为原因

5 岁的大宝无缘无故地欺负二宝，原因大多在父母身上。小宝刚出生时，大宝有好奇心和新鲜感，会学着父母的样子照顾小宝。随着小宝长大，能与大宝分享的东西越来越多，特别是照顾小宝需要较多的时间和精力，父母常常不自觉地更多关注小宝，有时还会因大宝的行为批评他。对大宝而言，家里突然多出一个成员跟他分享一切，本身就是一件不太让人高兴的事，父母又把更多的爱给了小宝，而把批评给了自己。随着时间的推移，大宝会越来越“确定”父母不爱他了，出于自我保护的本能，他会欺负或攻击小宝。所以，家长首先要审视自己，如果有相对忽视大宝的情况，要及时调整，把更多时间和精力给大宝，让他感到父母依然十分爱他。

表达爱意，满足大宝心理需求

明白大宝欺负小宝是担心失去父母的爱后，父母要想办法向大宝表达出更多的爱。在告诉他不会因为二宝减少对他的爱后，跟他讨论他的需求，并适当增加表达爱的动作，如早晚拥抱，吃的平分后让大宝先选，约定相对固定的陪伴时间，不让大宝无理由地迁就二宝等，让他感受到父母满满的爱，满足“争宠”的心理需求。

鼓励表扬，强化大宝正向行为

手足之间，大宝有欺负二宝的行为，也有关爱二宝的时候。家长要注意观察，及时鼓励和表扬大宝对二宝的关心和帮助，也可以从表扬大宝没欺负二宝开始，让大宝判断自己的哪些行为是被肯定和鼓励的。比如，大宝和二宝游戏时和睦相处，就在二宝面前表扬大宝，“哥哥把你照顾得真好”“哥哥很喜欢你，陪着你一起玩”等，增加大宝的成就感和满足感，帮助建立“哥哥”的身份，增加手足之间的情感。对 5 岁多的大宝，家长也可提供参与的机会，在安全情况下让大宝学着照顾二宝，如收拾二宝的玩具、帮二宝叠衣服等，这样可以提升大宝的成就感、加深手足情。

和而不同，禁止给大宝贴标签

每个孩子都是独一无二的，家长要创造和而不同的家庭氛围，不在孩子之间做比较、贴标签，不当着一个孩子的面批评另一个孩子。比如说：“你为什么不能像妹妹一样，乖巧地自己玩？”“你总是调皮不听话，看弟弟多乖。”……这种语言不仅会伤害大宝的自尊心，还会强化大宝的判断——“父母不爱自己了”，会加剧他的攻击性行为。

重点回顾

大宝无缘无故欺负二宝是兄弟姐妹之间的典型表现，最初的原因大部分是家长造成的。家长要正视这种现象，先从自身找原因并做出改变，对大宝表达更多的爱意，满足大宝的心理需求，鼓励和强化大宝关心、照顾二宝的正向行为，引导大宝接受和照顾二宝，增加他的成就感，加深他和二宝的手足情，使他逐步学会与二宝安然相处并互相帮助。

如何帮助孩子处理同伴冲突？

典型情景

豆豆，5岁，特别喜欢恐龙。豆豆邀请同班同学正正来家里玩，他拿着一只霸王龙玩具，正眉飞色舞地给正正讲关于恐龙的故事。正正边听边看着豆豆手里的恐龙，突然伸手去夺并大声说："这个给我！这个给我！"豆豆把恐龙往怀里抱了抱，说："不行！现在是你听我讲故事，不能给你！"正正再次伸手去抢，豆豆把恐龙抱紧了……突然，豆豆一拳打向了正正，正正也不甘示弱，站起来踢了豆豆一脚。妈妈赶紧跑过来，把豆豆拉向一边，豆豆委屈地大哭起来。妈妈慌了神，怎么帮助孩子处理同伴冲突呢？

对照判断

看一看，你的孩子和同伴间出现过下列行为吗？

表现	判断
❶ 指挥、命令同伴，不听他的话就不理别人。	□
❷ 抢同伴的玩具，并因此与他发生肢体冲撞。	□
❸ 常为争一个玩具与同伴发生争吵和撕扯。	□
❹ 和同伴玩耍时发生冲突，会辱骂、攻击同伴。	□

如果孩子发生以上跟同伴冲突的情况，你是怎么处理的呢？

表现	判断
❶ 认为小朋友间因玩具发生冲突很正常，不管不顾。	
❷ 帮助孩子们解决冲突后，把自己的孩子狠狠地批评一顿。	
❸ 对自家孩子在冲突中占了上风感到高兴，告诉他千万不能被别的孩子欺负。	
❹ 引导自己的孩子不要欺负别人，但如果被人欺负，一定要还手。	
❺ 不管是什么原因引起的，先把自家孩子批评一顿，然后再告诉同伴家长。	
❻ 仔细询问孩子事情的经过，帮助分析问题的原因。如果问题出在自家孩子身上，就对他进行教育；如果问题出在同伴身上，就与老师或对方家长联系，共同解决。	

如果在孩子与同伴发生冲突时你勾选了上面前 5 项的处理办法，说明你需要进一步了解孩子交往的关键期知识。

关键知识

5 岁的孩子进入与同伴交往的关键阶段，交往过程中很容易出现意见不合、争抢玩具等现象，甚至还伴有打、踢、推搡、咬等身体攻击或语言攻击、告状等行为。导致冲突的原因主要有：

❶ 3 ～ 6 岁儿童处于“自我中心”认知状态，考虑问题往往从自己的角度出发，因不考虑他人而造成矛盾冲突；

❷ 幼儿的道德认知水平有限，没意识到这是不道德的行为；

❸ 家长的言谈举止出现辱骂、打斗等行为，孩子受到了潜移默化的影响；

❹ 幼儿的语言表达能力和交往经验不足，不知如何处理碰到的问题。冲突是幼儿时期必经的成长过程，孩子在冲突中学会交往。家长要客观看待孩子与同伴之间产生冲突的现象，有效引导孩子去自我中心化，帮助孩子提升解决冲突的能力。

建议方法

认识冲突本质，巧妙共情理解

4 ~ 6 岁的孩子与同伴争吵，常常是他“自我主张”的体现。他与人争抢玩具，打人或被打，也是为了“自我主张”，或者“自我保护”。孩子从一次次冲突中，不断熟悉人际关系的规则，练习人际关系的技巧。所以，儿童心理学认为，同伴间没有伤害的冲突，不仅能促进孩子的认知发展，提高解决问题的能力，还能积累生活经验，提高孩子的交往合作能力。解决同伴冲突是孩子间的必修课。孩子的冲突很多是在游戏中造成的，拉拉同伴的小辫儿、拍拍同伴的肩膀、拿走同伴的玩具、玩闹时动作过度等，都可能导致一场冲突。家长不要护短、息事宁人或过度保护，也不要指责孩子，要关注和尊重孩子的情感需要，可以对孩子说:“跟我讲一讲刚才发生的事情好吗?我知道这件事情让你不舒服了！”家长要拥抱和安慰孩子，帮助他平复情绪，缓解紧张和焦虑的情绪，让孩子从不愉快的冲突中走出来，然后再引导如何处理。

引导自我解决，鼓励正常交往

在孩子平复了情绪、从冲突中走出来后，家长可以引导孩子诉说冲突发生的原因，教孩子学会倾听、了解同伴的观点、需要和感受。如果家长难以在现场处理冲突，可以与老师和对方家长共商解决之策。如果责任在自己的孩子，鼓励他主动向对方道歉；如果责任在对方，明确告诉对方孩子这是错误行为。非原则性问题，要给孩子提供帮助和引导，让他自己想办法，如把对方希望分享的物品主动给对方等，自己解决冲突问题。这样他们会更加认同自己的处理结果。冲突解决后，鼓励孩子化干戈为玉帛，主动与对方握手言和，恢复友好，正常交往。

教给处理方法，主动解决问题

针对幼儿的特点，家长可在平时的生活中，教给孩子一些适当的交往技巧，如不小心碰到别人要说对不起，喜欢别人的玩具要先征得对方同意才能拿等，以免产生矛盾。还可针对日常生活中与小伙伴容易产生的矛盾，教给孩子一些处理方法。如遇到不开心的事想大发脾气时，可以运用转移法——离开这个事件的场景；当感到委屈时，可以运用释放法——大喊大叫或使劲蹦跳；当想伸出拳头时，可以运用替代法——在自己身上轻轻打一下；如果对方要伤害自己，大声叫让他停下来等。等冲突平息后，可以引导孩子通过说理、讨论、轮流分享、物品交换等平和的方法解决问题。

体验情绪特征，承担自然后果

如果孩子经常对同伴发生“侵扰”，家长可以用气球让孩子体会这种被干扰的感觉。注意气球充气不要太满，然后不断地用手去戳、挤压，气球最终会爆。告诉孩子气球之所以爆了，是因为外界的挤压超出了气球的“边界”，我们每个人就像气球一样，也有自己的“边界”，如果他不断侵扰同伴的“边界”，同伴就会生气发怒，从而像气球一样爆掉。而且，如果孩子是冲突的过错方，父母不要过多指责，让他自己承担冲突造成的后果，如同伴不再跟他一起玩。他少了可以分享的伙伴后，就会意识到少了同伴不好玩，这时再及时引导他、帮助他恢复与同伴的友谊。

重点回顾

5 岁的孩子进入与同伴交往的关键阶段，交往过程中很容易出现与同伴发生冲突的现象。家长要提前认识到发生冲突的本质，在发生冲突时巧妙地让孩子感受到被理解和共情，在孩子平复情绪后，引导他自己寻找解决冲突的办法，鼓励他和同伴恢复正常交往。为避免同伴冲突，家长还要提前教给孩子一些交往技巧和处理冲突的方法，并利用气球爆炸等游戏让孩子体验情绪的特征，明白需要承担什么后果，从而减少冲突，与同伴保持持久的友谊。

如何向孩子解释亲人的死亡？

典型情景

铮铮，5岁3个月，有些内向。最近爷爷生病住院了，铮铮总问爷爷什么时候回来。前天，爷爷不幸过世了。铮铮从幼儿园回来，再次问妈妈："爷爷去哪儿了？什么时候回来？"妈妈非常难过和犹豫，心想孩子这么小，如何向他解释爷爷的死亡呢？

对照判断

看一看，你的孩子是不是有这样的行为？

表现	判断
❶ 家里阳台上的植物枯死了，缠着妈妈问为什么。	☐
❷ 自己养的小宠物死了，哭得很伤心。	☐
❸ 对动植物的死亡漠视，自己养的宠物死了也无所谓。	☐
❹ 听到隔壁爷爷死亡的消息，好奇地问什么是死亡。	☐

如果孩子遇到死亡问题，你是怎么处理的呢？

表现	判断
❶ 不知道如何跟孩子解释，找个理由搪塞过去。	□
❷ 觉得死亡的话题过于沉重，让孩子不要问东问西。	□
❸ 认真跟孩子解释死亡问题，结果越解释孩子越迷茫。	□
❹ 找来关于死亡的绘本故事，让孩子阅读并自己理解。	□
❺ 不仅给孩子解释什么是死亡，还趁机给孩子讲解与生命相关的问题。	□

如果你勾选了上述选项，说明你还需要了解孩子在这个年龄段对死亡的认知发展特点。请你继续阅读以下内容。

关键知识

孩子对死亡的认知有一个发展过程。5 岁前，孩子知道死亡的概念，认为死亡是暂时的、可逆的；5 岁后，孩子对生命有了初步的认识，知道死亡是生命的终结，但不认为死亡是普遍的、必然的；9 岁以后，孩子才基本能正视死亡，认识到死亡是永久的。所以，5 岁的孩子在亲人离世或遇到死亡时，他出于思念或好奇会向家长提问，家长要抓住这个教育契机，向孩子解释死亡的真相，趁机进行生命教育，避免孩子对死亡产生恐惧或混乱的认知，帮他建立尊重生命、爱惜生命的意识。家长切忌告诉孩子人死亡后是去了美好的天堂，避免孩子因向往美好而去“体验”。

建议方法

充分利用“死亡教材”，自然开展生命教育

生命教育和死亡教育是一对辩证的统一体，将死亡教育与生命教育联系

在一起，能帮助孩子更好地理解生命。遇到亲属死亡或家里的动植物死亡，家长可以明确地告诉孩子："他过世了（或它死亡了），从今天起，永远都看不到了。"比如，可以与孩子共同回忆动植物成长的过程，让孩子想象它们从小长大的变化过程。讲到人的死亡时，可以告诉孩子："每个人都是从婴儿到少年到青年，然后到中年，然后变老，最后都会死的，这个叫作自然规律。""这个过程有长有短，如果要活得久，就不能挑食，要多吃青菜和水果，多运动。咱们下次多吃蔬菜和水果，让身体棒棒的，好吗？""妈妈永远爱着你，不管遇到什么事情，都要跟妈妈说，什么都没有生命重要。"不仅帮助孩子了解生命的演变过程，还要对孩子进行生命教育，让孩子更好地关注健康、珍惜生命。

传递真实信息，避免"善意"谎言

5～9岁的孩子尚未完全理解死亡的含义，平时可以借助动植物的死亡，让孩子理解死亡是一件正常的事情。面对亲人过世时，可以用简单明了的语言，如实地告诉孩子亲人的离去，让他参加葬礼并进行适度的哀悼，然后给孩子讲讲亲人生命中的成就和价值。孩子可能会伤心难过，但这个过程能帮助他更好地看待生命、看待世界。家长要避免为保护孩子而编造"善意"的谎言，比如说亲人去了天堂、去了乐园、变成了星星等，这可能会给孩子造成错误的认识，以为死亡是一件快乐、幸福的事情，甚至在某种场合去尝试。

观察孩子的情绪变化，帮助消除恐惧心理

当向孩子解释死亡问题时，要注意观察孩子的情绪变化。如果孩子出现害怕、恐惧等情绪，可以握住他的手或拥抱他，让他感受到父母的陪伴，给他足够的安全感。同时，借助故事或绘本，给孩子有选择地讲关于死亡的故事，描述每一个"真实"死亡的特殊性而非必然性。如《精彩过一生》《爷

爷变成了幽灵》《再见，小兔子》等，给孩子建立本年龄段的死亡观点：死亡是一个必然的过程，但死亡是有选择性的而不是普遍的，为下一年龄段的孩子正视死亡做好铺垫。当孩子认为死亡是偶然性的，是到老年时才会发生的，他对死亡的心理状态就会比较坦然。

不看暴力片，不以“死”吓唬孩子

给孩子看的动画片，家长最好提前了解剧情和教育目的，因为暴力片或凶杀片，通常有非正常死亡的恐怖情景和场面，会给孩子幼小的心灵留下恐惧死亡的阴影。如果不小心给孩子看了动画中的暴力情节，要给孩子解释那个故事情节的前因后果，并告知孩子他是安全的，且在生活中不要模仿。另外，幼儿时期的孩子对外界既好奇又敏感，大人一句无心的话他们会记很久。所以，不管出于何种原因，家长都不要以“死”来吓唬孩子，如吃脏东西，吓他说会生病死去，不听话就打死他等，避免孩子对“死亡”产生恐惧，伤害他幼小的心灵。

重点回顾

孩子对死亡的认知有一个发展过程，5 岁时处在初步认知阶段。当孩子因遇到死亡事件而向父母追问时，不要编造“善意”的谎言，可以向孩子传递真实的信息，并借此展开健康的生命教育，让孩子理解死亡的选择性和一段时间内的非普遍性，理解生命的唯一性和正规性。在向孩子解释死亡的过程中，家长要观察孩子的情绪变化，恰当处理孩子的恐惧心理，注意平时不给孩子看暴力片或凶杀片，不用“死”吓唬孩子，给孩子建立积极而正向的“死亡”概念，帮孩子树立正确的生命意识。

如何回应来自孩子的关心？

典型情景

可可，5岁6个月，最近突然很“懂得”关心他人。看到妈妈在做饭，跑到厨房说“妈妈辛苦了，妈妈做的饭可可最爱吃了”；听到爸爸下班回来，他会等在门口抱着爸爸亲亲，然后把爸爸的拖鞋拿过来让爸爸换上；奶奶带他到公园玩一天，回到家就给奶奶倒水，还帮奶奶揉腿。看到可可亲切地关心他人，大家忍俊不禁。家人们在享受可可关心的时候，又总觉得有点不对劲儿，应该如何回应和引导可可这种关心他人的行为呢？

对照判断

看一看，你的孩子有以下这些行为吗？

表现	判断
❶ 突然很会关心家人，帮妈妈倒水，帮爸爸提包。	□
❷ 学着大人的样子关心父母，会问“今天累不累？开不开心？”等问题。	□
❸ 看到父母在干家务活，主动过去抢着干。	□
❹ 父母偶尔生病时，孩子会叮嘱吃药并摸摸大人的头，叮嘱多休息。	□

面对孩子的关心，你的反应是什么呢？

表现	判断
❶ 感到特别开心，觉得孩子长大了，会表扬和鼓励他。	□
❷ 觉得没有必要，孩子还太小，不需要做这些事情。	□
❸ 觉得孩子很可爱，会表扬和鼓励他，但不让他继续帮大人做事。	□
❹ 觉得孩子在添麻烦，拒绝孩子的帮忙。	□
❺ 认为孩子可能是趁机求大人满足他的需求，因此会故意冷淡。	□

如果你勾选了第 2 ～ 5 选项中的任何一个，说明你对儿童情感教育不是非常了解。请继续阅读以下内容。

关键知识

《3 ～ 6 岁儿童学习与发展指南》指出：5 ～ 6 岁，能关注别人的情绪和需要，并能给予力所能及的帮助。5 岁的孩子已开始走出自我，能关注到他人的部分情绪和需要，也能做一些力所能及的家务。这个年龄段是进行情感教育的最佳时期。当孩子出现关心、关爱家人的行为时，说明孩子的同理心在萌芽，亲社会行为发展良好。家长要鼓励和认可孩子的行为，欣然接受他的关爱，让他积累积极的情感体验，并给他创造更多关心家人的机会，促进孩子的情感内化。

建议方法

理解和尊重，接受关心行为

当孩子主动关心家长，要帮父母做一些力所能及的事时，是孩子亲社会性良好发展的真实体现。这时家长不要觉得孩子小、孩子的关心无足轻重而把孩子的关爱拒之门外。家长要明白，这是孩子发展的一大步。孩子在做出这种行为前，经历了服从命令、利益交换、遵守规范等多个阶段，他的关心是自发、自愿的，对父母有益且不追求回报。这种亲社会行为发展得好，有助于孩子养成积极的生活态度。家长要欣然接受并坦然“享受”，让孩子产生成就感和满足感，巩固和内化这种情感行为。

认可与鼓励，建立初步道德意识

当孩子主动关心家长时，家长千万不能否定或拒绝孩子，先认可和鼓励孩子，然后欣然接受孩子的关心并表示感谢，让孩子知道他这样做能给父母带来快乐，这样可以强化孩子的良好行为，使孩子体验到关心他人的快乐。在长期有意识的熏陶下，孩子能建立初步的积极道德意识和道德情感，更加主动地关心家人。

创造与扩大，逐步形成行为习惯

当发现孩子主动关心自己后，家长要意识到孩子已经开始能体察别人的情绪和需要，提供力所能及的帮助。在得到肯定和鼓励后，孩子会更加积极地关心他人。家长要创造通过做小事服务家庭成员的机会，如让孩子给奶奶端饭、给妈妈拿衣服等，然后慢慢扩大孩子关心的范围，如到敬老院关心老人，关心马路上遇到的残疾人等，让孩子懂得关心的意义，培养他的责任感，让他体验到自我能力的发展，逐步养成关心他人的良好习惯。

以身作则树榜样，创造关爱的家庭氛围

父母是孩子最好的老师，在发现孩子有关心他人的行为后，父母要更加关心和关爱祖辈，如经常问候祖辈、帮祖辈购买新衣、带祖辈外出旅游等，让祖辈感受到自己真诚的关心。同时，要更加关心孩子的成长与发展，创造

关心、关爱的家庭氛围，让孩子感受到父母的行为与自己一致，进一步巩固道德认识和道德行为。

重点回顾

5 岁的孩子已能关注别人的情绪和需要，并能给予力所能及的帮助。当孩子主动关心家长时，家长要理解这份关心背后的意义，欣然接受孩子的关心，对孩子的想法和行为予以肯定和鼓励，内化孩子的情感，帮助建立初步的良好道德意识，并有意识地创造机会，让孩子关心更多的对象，创造关心、关爱的家庭氛围，逐步让孩子养成关心他人的行为习惯。

促进孩子学习与交往

孩子进了幼儿园大班，眼看要上小学了，怎么跟孩子讲小学生活，才能让他对上小学充满期待？小学的学习、生活与幼儿园相比差别很大，为不输在起跑线上，要教孩子识字吗？如何让他多认识汉字、喜欢上阅读，且有时间观念？在家里需要重点养成哪些良好习惯呢？请看看专家是怎么建议的吧。

要教幼儿园大班的孩子识字吗？

典型情景

文文，快6岁了。妈妈买了很多识字卡，等文文从幼儿园放学回家就教他拼读识字，还规定了每天的任务量。结果遭到文文的强烈抵触，说老师没有教这些，觉得学这些太难了，学不会。妈妈很沮丧也很着急，都说不要输在起跑线上，上大班了要开始教文文识字吗？

对照判断

想一想，你家孩子对汉字的了解和兴趣多吗？

表现	判断
❶ 孩子只喜欢看图画书，对有字的书没兴趣。	☐
❷ 孩子在生活中看到汉字会追问，想了解，有好奇心。	☐
❸ 孩子对汉字有畏难情绪，记不住，也不想学。	☐

想一想，你对教幼儿阶段的孩子识字有哪些认识？

表现	判断
❶ 没怎么教孩子就认识好多字。孩子有学习的天然才能，不用刻意去教。	☐
❷ 早起的鸟儿有虫吃，一分耕耘一分收获，孩子识字要趁早，每天给孩子规定识字量。	☐
❸ 自己教不科学，万一教错了，以后纠正起来更麻烦。	☐

续表

表现	判断
❹ 要教孩子识字，而且还要送到正规的培训机构，否则孩子上了小学会跟不上。	□
❺ 教育部等都说幼儿时期不能小学化，不打算教孩子识字。	□
❻ 孩子感兴趣时随手教一些，不感兴趣就算了。	□

如果你勾选了上述选项，说明你对学龄前孩子识字的规律还不够了解。请你耐心阅读以下内容。

关键知识

2～7岁是幼儿的识字敏感期，孩子本能地迫切需要认识汉字，识字速度快、数量多、记得牢，识记过程也轻松快乐。如果家长把握得好，则有助于从小培养孩子的学习兴趣，养成良好的学习习惯。然而，学龄前孩子以形象思维为主，一般在生活与游戏中学习，包括识字也是如此。汉字的象形性具有这样的优势。所以，从2岁开始，家长就可以在故事、游戏和生活中，有意识地让孩子识字。但是，让孩子识字切忌机械重复。如果孩子觉得无趣，产生挫败感而厌恶识字和学习，会影响今后学业发展。这也是严禁幼儿园小学化的主要原因。

建议方法

明白识字目的，在生活中识字

对于学龄前的孩子，认识汉字不是目的，感受汉字的美并产生兴趣和情感才是目的。家长要了解孩子的特点，引导孩子在生活和游戏中学认汉字，对识字不作数量要求。多创造日常接触汉字的机会，如和孩子散步时可以给他指认路牌、商店招牌；在家里的家具上贴上名称、简单属性介绍；在游戏玩乐中比赛识字等。孩子的生活里充满了汉字，家长稍加留意和创造，就能让孩子生活在汉字的“包围”中。孩子见多了、说多了，就能自然而然地识字。在生活中识字这种方式既尊重了孩子的学习特点，又能抓住识字敏感期这个有利时机。

扩大识字数量，在阅读中识字

幼儿时期的阅读大都是故事，孩子非常喜欢。天下没有爱看书而不识字的孩子，所以要创设读书环境，多和孩子一起阅读。读书时注意让孩子看着书，指认汉字一一阅读，过一段时间后让孩子找出文中认识的字，然后再尝试让他自己连着读。因为有些喜欢的书，孩子会反复阅读，汉字也会在不同的故事中反复出现，天长日久，阅读时孩子的“无意识”记忆自然发生，识字数量就会不断增多。

激发识字兴趣，讲讲汉字故事

汉字是象形文字，每个字都是有故事的，也有许多图文并茂介绍汉字故事的书。家长不妨根据汉字的字形，与孩子一起即兴为每个汉字编故事，如“水”字，告诉孩子它是幸福的一家三口，中间高的是爸爸，妈妈和孩子在两边，这天他们一起……故事无关好与不好，只要基本符合逻辑，孩子爱听，能强化记忆汉字即可。跟孩子一起阅读汉字故事，如《幼儿汉字趣味启蒙》，让孩子用故事的方式亲近汉字，了解这个字的演化历史及其背后的故事，让汉字在孩子面前生动起来，这样就很容易激发孩子的识字兴趣，使汉字走进孩子的内心。

图文结合识字，抓住前书写时期

幼儿时期，孩子使用右脑图像机能进行记忆。图字结合的“右脑海马照相记忆法”比较适合孩子识字，能促进大脑神经元细胞的突触连接，提升幼儿智力发展。家长如果购买了识字卡片，可以把这些卡片给孩子当玩具，或者用这些卡片与孩子做游戏，只要不强迫机械记忆，不伤害孩子识字的积极性，孩子能在图文结合中，慢慢认识这些汉字。另外，5 岁多的孩子正处在前书写阶段，他的“杰作”从最开始一团团的线条，到各种笔画的堆积，到画完整的汉字，有时候会图文夹杂，有模仿、有创造，是孩子了解书写、探索汉字的过程，值得家长静下心来听听里面的故事。家长可以边听边帮孩子把汉字写出来，让孩子有对照的机会，陪伴孩子一步步向汉字靠近。

重点回顾

5 岁多的孩子处于识字敏感期，会主动地去认识汉字。家长要把握好认读的度，不逼迫孩子机械重复认读，不对识字数量和结果有要求，在生活、游戏、阅读和故事中，有意识地创设环境，让孩子自然而然地认识汉字，了解汉字的故事。这样孩子认识的字不仅数量多，对汉字掌握得也牢固，而且能保持识字兴趣，有进一步学习和探索的欲望。

怎样让孩子对上小学充满期待？

典型情景

溪溪，快 6 岁了，大班。幼儿园让家长配合做好幼小衔接，多给孩子讲讲小学的事。妈妈觉得幼小衔接很重要，于是找各种机会给溪溪介绍小学：讲小学漂亮的房子，可能认识新的朋友，有好玩的音乐课和科学课等。溪溪似乎对此没兴趣，说自己更喜欢幼儿园。眼看马上要上小学了，怎么和他谈，孩子才会对上小学充满期待呢？

对照判断

想一想，你家孩子对上小学有下列表现吗？

表现	判断
❶ 提起上小学，孩子有各种担心，比如怕考不好、害怕老师等，有畏惧心理。	□
❷ 对上小学没有好奇心，兴趣不大。	□
❸ 不喜欢上小学，留恋幼儿园生活，不想长大。	□

想一想，面对大班的孩子，你是如何与孩子谈上小学的呢？

表现	判断
❶ 告诉孩子长大了就要上小学，没有选择，只能适应，大家都是这样的。	□
❷ 告诉孩子小学的校园更大，能交到更多朋友、学更多知识，希望用这些来引起他的兴趣。	□

续表

表现	判断
❸ 给孩子详细介绍小学的生活和学习，希望他做到心中有数。	□
❹ 认为上小学是顺其自然的事，家里没有过多关注。	□
❺ 通过家庭会议集体讨论上小学的事，让孩子引起重视。	□

如果你勾选了上述除第 3 项之外的任何选项，说明对如何跟孩子谈小学，你还不是十分清晰，请多关注和了解这方面的内容。

关键知识

幼升小是幼儿阶段所经历的一次重大转变。虽然大多数孩子对小学有或多或少的认识或了解，但仍然存在诸多困惑和焦虑，如担心进入小学后“找不到班级”“没有好朋友”“规则太多做不到”“受到老师的惩罚”等。如果这些担忧得不到良好疏导，会影响孩子入学的积极性和入学后的学习状态。因此，家长要有意识地给孩子谈上小学的变化，帮助他解决困惑，消除焦虑，激发孩子积极入学、向往入学的渴望之情，做好入学的相关准备，实现从幼儿园顺利过渡到小学。

建议方法

倾听孩子想法，帮助孩子答疑解惑

每个孩子都是独立的个体，当他从熟悉的幼儿园过渡到不熟悉的小学，可能会产生不同程度的困惑和焦虑。家长要换位思考，站在孩子的立场，倾听孩子的心声。

❶ 给孩子讲讲自己入小学的趣事，与孩子产生共情。

❷ 对孩子困惑和焦虑的问题一一解答，帮助他找到解决困惑和焦虑的办法。如孩子担心“没有好朋友”，告诉孩子班里的同学都要上小学，大部分可能还在一个学校。这样对症下药，给孩子提供情感支持，帮助他消除担心和焦虑，能为孩子顺利上小学做好铺垫。

教给孩子方法，消除陌生感与压力

小学与幼儿园差异很大，如果孩子对小学的各种事务应对自如，自然会对上小学产生兴趣和期待。家长可以列举小学与幼儿园的种种差异（有不清楚的地方，可与幼儿园老师沟通），然后抓住小学生活的要点，与孩子一起模拟与讨论上课、课间操、交朋友、找老师、做作业等重要环节，让孩子在操作中真实体验小学生活，消除陌生感，做到心中有数。当然，如果家里或邻居有小学生，邀请过来当小讲解员并做出示范就更好了。

参与购置文具，增强入学期待与兴趣

在大班的下学期，可与孩子一起，共同购置他上小学需要的书包、文具袋、铅笔、橡皮、练习本等，在商店边挑选孩子喜欢的颜色和样式，边给孩子讲这些文具的神奇用处，让孩子亲身感受购买的乐趣，了解文具的用途。回到家后，给孩子布置一个文具角，与孩子沟通如何使用这些文具，如用铅笔在练习本上写字，把他心爱的读物装进书包等，增加孩子对文具的熟练使用程度，学会管理和使用小学的文具。当孩子对文具运用自如时，自然会对上小学产生兴趣与期待。

阅读入学绘本，在故事中引导与激发

和孩子一起阅读绘本，借助故事的引导来消除焦虑是实现入学心理“软着陆”的法宝。可重点从“环境适应”“习惯养成”“人际交往”和“抗挫能力”四个方面选择相关的绘本。《小阿力的大学校》《大头鱼上学记》让孩子

在故事中看到小学即将发生的趣事，对校园有一个新认识，为以后快速适应新环境、应对新挫折打下良好的基础；《迟到的理由》《大卫上学去》在跌宕起伏的情节中，把“诚实”与“谎言”、“可以”和“不可以”的行为不着痕迹地输入孩子的大脑；《同桌的阿达》《小老鼠和大老虎》让孩子重新审视与人相处的方式，了解欺负的行为和结果，从而学会与人为善；《爷爷一定有办法》《勇敢的克兰西》则讲了遇到困难不要轻易放弃，相信和勇敢接纳自己。这些绘本幽默有趣，能让孩子在欣赏故事的过程中，得到引导与启发，对上小学充满期待。

校园参观体验，感受真实的小学生活

有条件的家长，可以带孩子一起参观体验小学的生活，一起感受真实的小学。然后与孩子谈谈他的感受，找到小学生活的闪光点，在体验后帮助孩子解决他的困惑和问题。

重点回顾

进入大班下学期，孩子对小学感到好奇、新鲜，同时又有些害怕、担心。家长要配合幼儿园做好幼小衔接，讲好小学“故事”。在这个过程中，不要忽视孩子的想法，也不要陷入焦虑中，要倾听孩子的心声，帮助他消除问题和疑虑，教会孩子适应小学生活，带孩子购置文具，并教他使用文具，与他一起阅读有趣的绘本。有条件的家庭可以带孩子一起体验小学生活并给予孩子正向的引导、激励等，帮孩子做好入学准备，让他充满期待。

怎么让孩子喜欢自主阅读？

典型情景

佳佳，刚满5岁，她一直由妈妈陪着读书，大多数时间是妈妈读，佳佳听。如果妈妈不在，佳佳拿着书翻几下就放下了。即使是重复读熟悉的故事，佳佳还是要妈妈读。马上要上小学了，如何让佳佳爱上自主阅读呢？

对照判断

想一想，你家孩子在阅读中有下列现象吗？

表现	判断
❶ 拿起一本书只是翻几下，没有专注地读里面的内容。	☐
❷ 喜欢看 iPad 和手机等电子产品，对书本兴趣不大。	☐
❸ 书本被放得到处都是，还常常缺页。孩子不懂爱惜书籍，也不会自己整理。	☐
❹ 读书时经常被其他事情吸引，常常半途而废。	☐

想一想，在指导孩子阅读过程中，你是怎么做的？

表现	判断
❶ 要求孩子看书，自己在旁边看手机、刷视频。	☐
❷ 自己读给孩子听，孩子不认真听就批评他。	☐
❸ 边阅读边提问或读完让孩子复述，增强孩子的注意力。	☐

续表

表现	判断
❹ 布置了读书环境，买了各种图书，告诉孩子自己去读。	□
❺ 偶尔来了兴致，带孩子一起读读绘本。	□
❻ 只要孩子愿意，天天坚持读，孩子不想听就不读。	□

如果你勾选了上述除最后一项之外的选项，说明你对如何带孩子阅读还不了解。阅读对孩子的成长非常重要，请多多关注。

关键知识

孩子的阅读发展大致分为 3 个时期：发展早期（6 个月 ~ 2 岁），主要是翻书、看图画，通常翻到哪页是哪页，有时喜欢反复看某张图片；发展中期（3 ~ 4 岁），喜欢听故事，缠着大人读故事给他听；发展后期（5 ~ 6 岁），孩子认识了很多汉字，开始尝试自主阅读。对大班的孩子，家长可以“共读 + 自主阅读”相结合，由一个精彩片段慢慢过渡到整个故事，建立孩子自主阅读的兴趣与信心，让孩子逐步自己阅读适合的书籍，喜欢上自主阅读。

建议方法

先让孩子爱上阅读

爱上阅读是自主阅读的前提。在阅读的基础上，注意进一步培养孩子的阅读兴趣：

❶ 打造书香家庭氛围，全家人一起阅读，每个房间都能阅读，定时举行家庭读书会等，让孩子浸润在书香中；

❷ 帮孩子选择适合的读物，找到他能理解、感兴趣的书；

❸ 陪孩子读他喜欢的故事，固定读书时间，养成读书习惯；

❹ 修补读坏的书，陪孩子制作书签、做读书小护照等，让孩子与书产生互动，增加对书的感情。家长也可以根据孩子的特点，采取他喜欢的方式引导阅读，只要孩子喜欢阅读、每天都读书，自主阅读一定水到渠成。

陪伴孩子科学指读

指读是父母或孩子用自己的手指，指着文字逐字阅读，分为分享型指读和识字型指读两种。5 岁以后可以使用指读法。分享型指读是父母用手指文字，孩子跟着父母一起大声读，手指随着内容的变化而移动；识字型指读是父母或孩子用手指着书中的文字，逐字逐句地念出来。这种方式有助于孩子关注文字，帮助他记住字的读音和样子。父母可以兼用这两种方式，在刚开始与孩子大声读时，可以多使用分享型指读，让孩子有机会欣赏图画，享受故事，产生兴趣；随着阅读量增多，慢慢采用识字型指读，可以促进孩子迅速扩大识字量，顺利过渡到自主阅读。指读毕竟速度慢，对故事感受力差，可挑选孩子喜欢的图书进行，不必每本书都指读。

小小技巧激励阅读

抓住孩子喜欢听故事的特点，利用一些小技巧“诱导”孩子自己读：

❶ 欲擒故纵。家长先读一部分，读到有趣的部分停下来，“诱导”孩子尝试自己读，从读句子、段落等做起。

❷ 角色互换。以前都是家长给孩子读书，在孩子上大班后可挑选他特别熟悉的书，鼓励他读给家长听，一开始他可能是顺着记忆中的故事情节半蒙半读，读的次数多了就能自主阅读了。

❸ 角色扮演。与孩子扮演书中不同的角色，用带感情的语言和动作把故事表演一遍，让孩子在不知不觉中记住台词和故事。

❹ 先听后读。选好书后，先给孩子听音频，等孩子熟悉故事内容后再引导他阅读图书。

❺ 设置提问。先给孩子叙述故事梗概，然后根据情节设置一些关键问题，让孩子从书中寻找答案，这也是培养孩子自主阅读的一剂灵丹妙药。

桥梁书籍帮助过渡

“桥梁书”是介于绘本和文字书之间的一个图书类型，引导孩子从“图画阅读”走向“文字阅读”，适合幼儿园大班到小学一、二年级的孩子阅读。在“桥梁书”的帮助下，即便孩子识字量不多、阅读能力不强，也能较快培养阅读兴趣，提升自主阅读能力。《神探狗狗》《内裤超人》都属于桥梁书，这种书内容有趣好玩，章节短，文字少而难度小，有孩子喜欢的恐龙、怪兽、机器人等，能较好地激发孩子自己去阅读。

全面放手鼓励自读

孩子有了阅读兴趣，识字量达到一定程度后，父母要购买孩子喜欢的书，尽量放手让他自己去读。一开始不要要求过高，即使他读错了也不要马上纠正和批评，在孩子读完后，再与他一起读，并与孩子讨论书中的重点内容，帮助纠正错误、理解内容，提升自主阅读能力。

重点回顾

大班的孩子已经认识了很多汉字，家长可以尝试开启自主阅读。先确认并进一步培养孩子的阅读兴趣，陪伴孩子科学指读，在孩子的识字量达到一定程度后，利用欲擒故纵、角色互换等方式，诱导孩子自己阅读句子、片段直至整篇故事。为快速培养阅读兴趣，家长也可以准备桥梁书籍，全面放手鼓励孩子自己阅读，由易到难地学会自主阅读。

如何培养孩子做事遵守时间？

典型情景

毛毛，在大班的上学期，每天早上都让妈妈很头疼。约定好 7 点起床，闹钟响了，毛毛起床伸了个懒腰，10 分钟后闹钟又响了，他穿衣服要穿半天，洗脸、刷牙慢悠悠的，一会儿又要小便，终于吃早餐了，却一边吃一边玩起了魔方……结果匆匆忙忙地往幼儿园跑，最后还是迟到了。还有不到一年就上小学了，怎么纠正毛毛拖拉的毛病，让他做事遵守时间呢？

对照判断

看一看，你家孩子有以下情况吗？

表现	判断
❶ 起床和睡觉都磨磨蹭蹭，晚睡晚起，每天去幼儿园都匆匆忙忙。	□
❷ 吃饭喜欢边吃边玩，要么看视频，要么玩玩具，否则就不吃。	□
❸ 家庭规则中关于时间的约定，基本做不到，做什么都要拖一拖。	□
❹ 在小区里跟小朋友玩，常常喊好几遍还不回家。	□
❺ 没完没了地看动画片，家人提醒和批评都无济于事。	□

面对孩子缺乏时间观念的情况，你是如何做的呢？

表现	判断
❶ 很生气，感觉孩子养成了坏习惯，每次都严肃批评他。	☐
❷ 认为孩子还小，做事拖拉正常，等长大了自然会好。	☐
❸ 重申家庭规则中的时间要求，虽然口头一直在强调违反规则后的惩罚措施，但出于心疼孩子很少惩罚。	☐
❹ 盯着孩子让他遵守时间，时间到了就反复告知、督促他。	☐

如果你勾选了上述选项中的任何一个，说明你对如何培养儿童时间观念不是非常了解。请继续阅读以下内容。

关键知识

时间观念是一种高级认知功能。5 岁的孩子有了关于时间（几点）和时间顺序（如前、后）的认知，能感知时间的长短，但感知还不准确，也不稳定，部分孩子还不会使用时间标尺，如钟表等，10 岁左右的孩子才能较准确地判断时长。如果家长没有从小有意培养孩子的良好生活习惯，孩子很容易出现缺乏时间观念、做事拖拉等现象。因此，如果到了大班孩子做事还经常拖拉，家长需要引起足够重视，培养孩子认识和感知时间，通过有计划地完成生活中的规律性事件等，逐步让孩子学会遵守时间。

建议方法

认识和感知时间的概念

时间是抽象的，事件是具体的。5 岁的孩子能够认识钟表上的数字和时间顺序，家长可以在家里的显眼位置放一个数字标识的钟表，送给孩子一块电子表，跟他一起研究钟表指针走动与数字变动、时间变化的关系，让他自己发现时间的变化与流逝。同时，利用游戏等方式，借助生活事件让他清晰地感知时间。如记录爸爸和他洗漱的时间，看谁更快；记录他一周每天起床的时间，看最长和最短各需要多少时间；同样是半小时，让他谈谈读书和玩游戏哪个过得更快；记录他每天出发去幼儿园的时间等，让孩子将日常的生活事件与时间挂钩，在生活中教他认识和感知时间。

共同探讨时间管理方法

在孩子将生活与时间联系起来后，跟他谈谈幼儿园的一日生活作息，引导他在家里也实施时间计划表，与他一起用图文并茂的方式做一张一周作息时间表，建立时间与生活事件的关系。具体来说，可用倒推时间的方法让他明白为什么到了几点就要做相应的事，如晚上 9:00 睡，就要在 8:30 上床；洗漱需要 30 分钟，就要在 8:00 开始洗漱；18:00 放学回家，19:00 吃完饭，中间 1 小时可以玩 30 分钟，做幼儿园任务 30 分钟；等等。根据每天上学、放学、睡觉的时间，推出做其他事情的时间，然后一起做成一张清晰的时间表。孩子参与了表格制作，他会形成一个做事的清晰概念。如果孩子按规定时间完成了事项，家长就在相应的表格内贴一朵小红花，小红花达到一定的数量再给一点激励或奖励，慢慢地孩子就会改掉过去不守时的习惯。当然，如果时间表制定得不科学，可以与孩子商量后随时调整。

预留时间感受守时快乐

在制定家庭一周作息时间表时，要注意给孩子预留充足的时间应对突发事件，以及留出部分可以适当调整的时间。当孩子完成了计划内的事情后，多出的时间家长可以让他自己安排，这样既能让他感觉到时间的重要性，又能体验节约了时间对他的好处，他自然就不再拖拖拉拉，而是会集中精力去完成必须完成的事情。这里特别忌讳的是，孩子按计划提前完成了阅读任务，家长又拿来一本书让孩子读，这样会增加一日事件的不确定性，如果孩子不是那么喜欢阅读，他就会故意拖延既定的读书时间。

一般事件承担自然后果

在执行作息时间的过程中，孩子难免会出现不守时的现象，这时家长一定要注意不把表格当成监督工具。如果孩子不做或没做到，不要催促甚至抱怨，也不要越俎代庖替他做，这会剥夺孩子体验“时间管理没有做好”给他带来的影响。对一般不会造成严重影响的事件，家长可以提醒孩子一两次，告知他不遵守时间的后果，然后仍旧做自己的事情，随他自己去把控。如孩子吃早饭和收拾书包慢吞吞的，结果上幼儿园迟到了，不要替他找原因或向老师解释，让他感受迟到后的难为情和幼儿园的纪律。

以身作则帮助养成习惯

对家长来讲，幼儿教育最好“点到为止”，千万不要“唠叨不休”，一遍遍地督促“快点儿”不仅不能让孩子真的快起来，相反有可能导致孩子叛逆。在培养孩子遵守时间期间，家长要带头遵守时间，如按时作息，按时做答应孩子的事情等。在家长的以身作则示范下，配合使用作息时间表，相信孩子一定能养成良好的守时习惯。

重点回顾

5 岁的孩子有了时间和时间顺序的认知，对时长的感知不稳定也不准确。如果家长没有从小培养，孩子很容易有做事拖拉和不守时的习惯。孩子上大班后家长对这一现象要重视，在以身作则的基础上，从认识和感知时间概念开始，与孩子共同商量时间管理约定，留出一定的时间让他感受到守时的好处，也要让孩子承担不守时的自然后果，帮孩子把生活事件与时间的关系建立起来，培养他对时间的把握和分配执行的能力，引导他守时、节时，养成有规律的生活习惯。

在家里养成的哪些习惯对上小学最重要？

典型情景

新新，快 6 岁了，幼儿园阶段主要由祖辈照顾，吃饭要奶奶喂，玩具从不收拾，看绘本只有三分钟热度，晚上熬到很晚才睡觉，常常丢三落四，自己的东西老找不到……在幼小衔接讲座上，妈妈听老师讲了小学的能力和习惯要求，更加焦虑了，眼看孩子马上要上小学了，自己应该帮新新养成哪些习惯，又如何才能做到呢？

对照判断

看一看，你家孩子有下列习惯或表现吗？

表现	判断
❶ 经常熬夜晚起，作息不健康、不规律。	□
❷ 自己的东西乱扔乱放，经常找不到。	□
❸ 不喜欢吃饭，一餐饭要吃很久，还要大人采取各种措施。	□
❹ 看绘本时东张西望，只看图画，不喜欢看文字。	□
❺ 做事情总是拖拖拉拉，时间观念不强。	□

想一想，如果孩子有上述情况，你是怎么做的呢？

表现	判断
❶ 自己常常熬夜加班，规定孩子的作息时间他总做不到。	☐
❷ 除了学习，觉得生活习惯方面的问题等孩子长大就好了，没有过多要求。	☐
❸ 看到孩子有很多习惯问题会对以后上小学造成影响，于是列出严厉的计划帮他纠正。	☐
❹ 手足无措，焦虑发愁，批评指责孩子。	☐
❺ 给孩子摆事实、讲道理，一件一件事情地去帮孩子调整纠正。	☐

如果你勾选了上述第 1 ～ 4 选项，说明你对孩子行为习惯问题的处理还比较感性，请深入了解上小学所需要培养的行为习惯。

关键知识

教育部《关于大力推进幼儿园与小学科学衔接的指导意见》中指出：幼儿入学准备教育要以促进幼儿身心全面和谐发展为目标，注重身心准备、生活准备、社会准备和学习准备等多方面的有机融合和渗透。升入大班后，家长需要了解小学生活与幼儿园生活的不同，从促进孩子身心全面和谐发展的角度，关注孩子的自理、作息、学习、交往等能力和习惯养成情况，巩固和强化他已经养成的良好习惯，分析原因并弥补和培养习惯方面的不足，做好生活准备、社会准备、学习准备、身心准备，帮助孩子养成良好的生活习惯，顺利适应小学生活。

建议方法

培养良好运动习惯，开展入学心理建设，做好身心准备

每天适当锻炼，让孩子保持身体健康、动作协调和旺盛的精力。做一个

有心人，跟着幼儿园的幼小衔接步骤做好家庭幼小衔接教育，如给孩子讲讲自己的入学故事，买好上小学用的书包和文具用品，教会基本的情绪识别与调控等，消除孩子对小学生活和环境的陌生感，让孩子对学校充满憧憬，喜欢上小学。

培养良好作息习惯，提升自我服务能力，做好生活准备

小学阶段学习时间延长、学习内容增加，生活上没有保育员，需要孩子早睡早起，自己吃饭、如厕、喝水、整理物品等，保证在校期间生活自理、精力充沛、人身安全。如果孩子有早上起不来、不会使用筷子、丢三落四、不注意安全等情况，家长要根据距离上小学的时间长短，有计划、分重点地制定改进和培养计划，尽量让孩子慢慢学会按时作息，学会自己吃饭、喝水、整理书包等，避免入学后孩子因这些小事而不喜欢上学。其中，作息规律的养成需要较长时间，越早调整越好；吃饭、喝水影响身体健康，也要尽早调整。家长和孩子一起讨论整理出所有改进事项后，按轻重缓急和孩子的能力逐项调整。在幼儿园毕业季的暑假，让孩子模拟小学的生活时间和自理要求提前适应，也是一个有效的办法。

培养讲文明、懂礼貌的习惯和遵守规则的意识，做好踏入社会的准备

孩子入小学后会认识新的老师和同学，每节课只有一位老师，上课纪律和学习规则都发生了很大的变化。加入新群体后，孩子的文明礼貌习惯、交往能力和规则意识、任务意识十分重要，家长要注意观察孩子的这些能力。如果孩子有上课坐不住、不与人打招呼、不会跟同伴相处、不能完成任务等情况，家长要尽早调整。家长可留出时间专门培养孩子的专注力和规则意识，直至孩子能做到40分钟内专注听讲，不做小动作、不乱说话、不扰乱课堂秩序，能遵守小学生守则和学校的各项规定，能按时完成老师布置的各项任务等。如果孩子胆小害羞，不擅长与老师交流和同伴交往，家长要多带

孩子参加各种社交活动，教会孩子礼貌用语，锻炼孩子主动与人打招呼的能力，以及与同伴持久交往的能力等，做好社会准备。

培养良好学习习惯，保护好奇心和求知欲，做好学习准备

对于学习准备来说，除了简单的知识储备外，更重要的是学习动机、兴趣、习惯和能力的培养。

❶ 平时保持孩子的好奇心和求知欲，引导孩子多看多问，家长回答不出来的问题，与孩子一起查阅资料寻找答案，让孩子觉得有很多东西可以学，而且学习很有趣；

❷ 不管离上小学还有多长时间，都要创造条件支持孩子每天阅读，争取让孩子做到上小学前能自主阅读，读书时遇到问题能自己先思考，而且有一定的学习计划；

❸ 有意识地观察和提升孩子的阅读能力、表达与分享能力、前书写能力等，专门教授握笔姿势、写字坐姿等，奠定孩子的基本学习能力，养成良好的学习习惯，做好学习准备。

重点回顾

习惯养成是入学准备的基础，家长可按教育部的幼小衔接要求，从“身心准备、生活准备、社会准备和学习准备”四大方面，全方位观察孩子已经养成的生活习惯，巩固和强化已经养成的良好习惯，利用幼小衔接的有限时间，拾遗补阙，分类别、有重点、有计划地培养偏弱的习惯，纠正不良习惯，这既是为小学做准备，也是为整个人生奠基。